L'ENSEIGNEMENT SUPÉRIEUR

A PARIS

EN 1881.

MÉMOIRE

PRÉSENTÉ

AU CONSEIL ACADÉMIQUE DE PARIS

DANS LA SÉANCE DU 7 DÉCEMBRE 1881

PAR

M. GRÉARD

MEMBRE DE L'INSTITUT, VICE-RECTEUR DE L'ACADÉMIE DE PARIS.

PARIS

TYPOGRAPHIE DELALAIN

RUE DE LA SORBONNE, 1 ET 3.

1882

L'ENSEIGNEMENT SUPÉRIEUR

A PARIS

EN 1881.

MÉMOIRE

PRÉSENTÉ

AU CONSEIL ACADÉMIQUE DE PARIS

DANS LA SÉANCE DU 4 DÉCEMBRE 1881

PAR

M. GRÉARD

MEMBRE DE L'INSTITUT, VICE-RECTEUR DE L'ACADÉMIE DE PARIS.

PARIS

TYPOGRAPHIE DELALAIN

RUE DE LA SORBONNE, 1 ET 3.

1882

L'ENSEIGNEMENT SUPÉRIEUR

A PARIS

EN 1881.

MÉMOIRE

PRÉSENTÉ

AU CONSEIL ACADÉMIQUE DE PARIS

DANS LA SÉANCE DU 4 DÉCEMBRE 1881

PAR

M. GRÉARD

MEMBRE DE L'INSTITUT, VICE-RECTEUR DE L'ACADÉMIE DE PARIS.

PARIS

TYPOGRAPHIE DELALAIN

RUE DE LA SORBONNE, 1 ET 3.

1882

L'ENSEIGNEMENT SUPÉRIEUR

A PARIS

EN 1881

MÉMOIRE

PRÉSENTÉ AU CONSEIL ACADÉMIQUE

DE PARIS

dans la séance du 4 décembre 1881.

I.

La présente session est particulièrement consacrée à l'étude des questions relatives à l'enseignement supérieur. C'est de la situation générale de cet enseignement que je me propose d'entretenir le Conseil[1].

Depuis l'année dernière, des résultats considérables ont été acquis.

La nouvelle clinique de la Faculté de Médecine, transférée sur les terrains de l'ancienne pépinière du Luxembourg[2], a été ouverte le 1er mai.

1. Outre les Facultés, l'enseignement supérieur, à Paris, comprend le Collège de France, le Muséum d'histoire naturelle, l'Observatoire, l'École des Chartes. Ces divers établissements qui n'ont pas le caractère professionnel des Facultés se rattachent directement au Ministère de l'Instruction publique. On trouvera les renseignements les plus complets sur leur situation dans la Statistique de l'enseignement supérieur publiée en 1878 et surtout dans la remarquable introduction de M. A. Du Mesnil, qui la précède.

2. Loi du 14 décembre 1875 : *Bulletin des Lois*, Année 1375, 2e semestre, n° 289, page 1115, n° 4921. La convention passée entre l'État et la Ville (28 juillet 1873) est annexée à la loi. — La surface occupée par la nouvelle clinique est de 3 000^{m}4. La dépense s'est élevée à 1 719 820 fr. : 489 820 fr. pour l'acquisition du terrain ; 1 230 000 fr. pour les constructions ; ce dernier chiffre approximatif, la liquidation des comptes n'étant pas terminée. Le crédit ouvert par la loi est de 2 370 000 fr.

Objet du Mémoire.

Les résultats acquis dans les projets d'amélioration concernant l'enseignement supérieur.
Les travaux accomplis.
La clinique de la Faculté de Médecine.

L'École supérieure de Pharmacie, édifiée sur les mêmes terrains, sera inaugurée dans quelques jours.

L'École supérieure de Pharmacie.

Les derniers travaux d'appropriation de la Faculté de Théologie protestante s'achèvent[1].

La Faculté de Théologie protestante.

La loi du 22 août 1881 a ratifié la convention passée entre la Ville et l'Etat pour la reconstruction et l'agrandissement sur place des bâtiments de la Sorbonne destinés à recevoir, avec les bureaux de l'Administration académique, la Faculté de Théologie catholique, la Faculté des Sciences, la Faculté des Lettres et la Bibliothèque de l'Université. Tout l'îlot compris entre la rue Cujas et la rue des Ecoles, d'une part, la rue Saint-Jacques et les rues de la Sorbonne et Victor-Cousin, d'autre part, est attribué à ce foyer des lumières universitaires. L'ensemble des crédits nécessaires à l'opération, dont les frais s'élèvent à 22 200 000 francs, est assuré. Les enquêtes d'expropriation sont closes, et le dossier va être soumis au Conseil d'Etat.

Les décisions prises. La Sorbonne : la Faculté de Théologie catholique, la Faculté des Sciences, la Faculté des Lettres, la Bibliothèque de l'Université.

Une autre loi[2], rendue également après accord entre la Ville et l'Etat, a pourvu à l'agrandissement de l'Ecole pratique de la Faculté de Médecine. La Faculté et ses annexes embrasseront l'espace circonscrit par la rue Antoine Dubois, la rue Monsieur-le-Prince, la rue Racine, le boulevard St-Michel, la rue de l'Ecole de Médecine, la rue Hautefeuille et le boulevard St-Germain.

La Faculté de Médecine. — L'Ecole pratique.

Enfin, des négociations sont ouvertes pour le dégagement et l'extension des bâtiments de l'Ecole de Droit sur la rue Cujas, la rue Saint-Jacques et la rue Soufflot[3].

Les projets. — La Faculté de Droit.

1. La Faculté occupe avec le séminaire, son annexe, une surface totale de 3 076^{mq}. Elle a coûté pour l'acquisition des bâtiments et des terrains 230 000 fr. ; pour l'appropriation des locaux : 141 230 fr. ; soit au total 371 230 fr.—On sait que, aux termes du décret du 7 mai 1881, les chaires dont la Faculté se compose sont partagées en nombre égal entre l'Église luthérienne et l'Église réformée, chaque Église ayant nécessairement une chaire de dogme.

2. Loi du 26 avril 1881 : *Bulletin des Lois,* année 1881, 1er semestre, n° 616, page 584, n° 10566. Voir aussi le n° du *Journal officiel* du 31 juillet 1881 (séance du Sénat).

3. La dépense prévue pour cette opération est de 2 451 726 fr., dont 1 466 800 fr. pour constructions et 934 926 fr. pour expropriations, — moitié à la charge de l'État, moitié à la charge de la Ville. Un premier crédit de 500 000 fr. a été porté par le Conseil municipal au budget de 1882. Les plans et devis sont faits.

Importance de ces résultats.

N'eussent-elles d'autre effet que de mettre un terme à des difficultés depuis longtemps pendantes, ces diverses décisions seraient d'une importance considérable. Elles ont, de plus, l'avantage d'être des solutions heureuses.

L'installation de l'École supérieure de Pharmacie.

L'installation de l'Ecole supérieure de Pharmacie répond à toutes les exigences de la science moderne.

Les obstacles qu'elle a rencontrés.

Lorsque, en 1868, le percement de la rue des Feuillantines bouleversa les terrains de la rue de l'Arbalète, où elle était établie[1], il y avait près de trois siècles que Nicolas Houel avait transporté dans l'*Hopital de Lourcine* la *Maison de Charité* destinée à « nourrir et instituer un bon nombre d'enfants orphelins à piété et service divin, aux bonnes lettres et par après en l'art d'apothicaire » ; plus de deux siècles que Louis XIV avait transformé la *Maison de Charité*, devenue le *Jardin des Apothicaires*, en *Collège de Pharmacie*[2]. Il était naturel qu'on pensât à maintenir l'Ecole dans la région où elle avait grandi : aussi fut-il question de la reconstruire sur place rue de l'Arbalète, d'abord en étendant un peu son domaine vers la rue Mouffetard et la rue de Lourcine, puis en lui conservant simplement son périmètre réduit par l'ouverture de la rue nouvelle. Mais, tandis qu'on délibérait, les bâtiments tombaient en ruines ; de riches collections étaient menacées ; la vie même des professeurs et des élèves n'était plus en sûreté ; les cours les plus importants avaient dû être interrompus. Une visite faite en 1873 par un membre du Parlement, M. Paul Bert, et l'inquiétante démonstration photographique qu'il fit passer sous les

---

1. Dulaure, *Histoire civique, physique et morale de Paris*, tome III, page 382.

2. Houel avait primitivement fondé sa *Maison de Charité* dans la Maison des Enfants-Rouges au Marais (1566). Un édit de 1576 (9 nov.) la reconnut comme établissement « où l'on instruirait des orphelins en l'art d'apothicairerie » ; un jardin des simples y était annexé : c'est le premier qui fut créé en Europe. Le 2 janvier 1578, l'hôpital de Lourcine était affecté à cette œuvre. Après la mort de Houel (1587), diverses administrations se disputèrent son héritage. Deux arrêts du Parlement (1624-1625) adjugèrent l'hôpital à la communauté des apothicaires : c'est à cette époque que remonte l'acquisition de deux grands jardins, rue de l'Arbalète, et que l'établissement prend le nom de *Jardin des Apothicaires*. La dénomination de *Collège de Pharmacie* date de 1777 (25 août). Un arrêté du Directoire exécutif transforme le collège en *Ecole gratuite de Pharmacie* (an IV, 3 floréal). La loi du 21 germinal an XI, qui crée les Ecoles de Montpellier et de Strasbourg, laisse subsister celle de Paris dans les mêmes conditions. Un arrêté du 3 frimaire an XII, la place sous l'autorité du Ministre de l'Intérieur. C'est en 1810 (27 septembre) qu'elle a été rattachée à l'Université.

yeux de la Chambre coupèrent court aux hésitations[1]. Dès 1869, un emplacement favorable avait été désigné par les pouvoirs publics sur les terrains retranchés du jardin du Luxembourg. Les études étaient faites. Si, en 1865, sous la menace de l'opération de voirie qui avait mutilé l'établissement, le Conseil des professeurs avait exprimé le vœu pieux de rester dans un bâtiment qui « était le berceau de l'École, et qui lui avait été consacré par d'antiques donations », en présence des intérêts supérieurs de l'enseignement on s'était unanimement rallié à la nécessité de la translation[2] : la rue de l'Arbalète était située dans un quartier éloigné, populeux, peu propre au calme de l'étude ; les locaux à peine suffisants alors que l'Ecole ne recevait que 154 élèves, — c'est le maximum atteint en 1853 — ne pouvaient plus convenir, même agrandis, à un établissement qui comptait plus de 450 étudiants[3]. Le 22 décembre 1875[4], une loi ouvrit un crédit pour le commencement des travaux.

Les premières données du projet de translation. Ses développements.

Dans les données premières du projet[5], il n'était attribué à l'Ecole qu'une surface de 8 277 mètres. C'était, à peu de chose près, l'équivalent de ce qu'elle occupait rue de l'Arbalète[6]. Un examen plus attentif des besoins de l'enseignement fit reconnaître la nécessité d'en étendre les dimensions[7]. L'établissement couvre aujourd'hui près de 17 000 mètres (exactement, 16 757), dans l'espace borné par la rue de l'Observatoire, la rue Michelet, la rue d'Assas et le terrain réservé à l'Ecole des Chartes et au petit lycée Louis-le-Grand. Le jardin botanique embrasse à lui seul une étendue égale à la sur-

---

1. Séance du 14 Décembre 1873.

2. Délibération du 26 février 1870.

3 Au mois de décembre 1881, le nombre des étudiants inscrits était de 453 : 258 de 1re classe, 195 de 2e.

4. *Bulletin des Lois*, année 1875, 2e semestre, n° 282, page 1134, n° 4801.

5. Les travaux ont été exécutés par M. l'architecte Laisné, sous la surveillance de la Direction des bâtiments civils, à laquelle l'École a été rattachée par décision du 4 mars 1870.

6. La surface totale de l'ancienne École de Pharmacie, rue de l'Arbalète, était de 9 880mq. Après le percement de la rue des Feuillantines, qui en a pris 1 710, elle se trouvait réduite à 8 170mq.

Dans cette surface, les bâtiments affectés au service de l'enseignement (amphithéâtres et laboratoires), occupaient 1 937mq; le jardin botanique, 2 796 ; les cours, jardins et terrains hors rue, 3 186; la serre, 100; les bâtiments annexes (maison du secrétaire, maison du jardinier, magasin), 151 ; au total, 8 170mq.

7. Voici les dimensions de l'École nouvelle : bâtiments principaux (amphithéâtres, bibliothèques, salles de collections, etc.), 3 756mq; laboratoires des élèves et annexes, 1 222 ; jardin botanique, 8 291; serre, 378 ; cours d'honneur, 1 396 ; cours de service, 1 321 ; habitation du Directeur et annexes, 355 ; maison des jardiniers, 38 ; au total, 16 757mq.

face réservée d'abord à l'ensemble de l'École (8 291 mètres), et près de trois fois plus grande que celle dont il disposait rue de l Arbalète. La proportion du développement est la même pour tous les services. Celle des amphithéâtres et des laboratoires est plus que triplée. Il n'existe pas aujourd'hui en Europe d'établissement similaire mieux installé.

La reconstruction de la Faculté de Médecine et de l'École pratique.

Si la Faculté de Médecine et ses dépendances n'ont pu être constituées tout à fait avec la même unité, elles n'y ont rien perdu au point de vue de l'espace, ce premier besoin d'une grande école de travail pratique et de manipulations.

Les limites primitives.

A l'époque où elle avait été créée, sous le nom d École de Santé, la Faculté de Médecine comprenait, d'une part le local, de l'Académie dite de Chirurgie, qui est demeurée son siège[1]; d'autre part, les terrains séparés de l'Académie par la rue de l'École, et qui se rattachaient aux préaux de l'ancien couvent des Cordeliers. C'est dans ce champ étroit, limité par la rue et la place de l'École et par l'ancienne rue de l'Observance (rue Antoine-Dubois), au nord et à l'ouest; par l'École de Dessin à l'est; au sud par une ligne partant des Bains Racine pour aller rejoindre la rue de l'Ancienne Comédie, que tenaient tous ses services pratiques : les salles de dissection, dans le réfectoire du couvent, devenu aujourd'hui le musée Dupuytren; les cliniques, au nombre de trois, dans les bâtiments du cloître; le jardin botanique, dans les espaces libres qui l'entouraient[2].

Les retranchements de terrain résultant du percement de la rue Racine. Le projet de prolongement de la rue Hautefeuille.

En 1835, à la suite de l'ouverture de la rue Racine[3], une partie de cet emplacement (plus de 4000 mètres) lui fut enlevée[4], et le jardin botanique dut

1. Décret du 14 frimaire an XII. Cette affectation du local de l'Académie fut confirmée par le décret du 11 décembre 1808, qui comprenait les bâtiments de l'École de Médecine dans la donation faite à l'Université. — L'Académie de Chirurgie avait été construite de 1769 à 1780 sur l'emplacement de l'ancien collège de Bourgogne.

2. Voir le rapport adressé à M. le Ministre de l'Instruction publique sur l'état des bâtiments et des services matériels de la Faculté de Médecine, par M. Ad. Wurtz, membre de l'Institut, doyen de la Faculté (1er février 1872).

3. Cette opération de voirie avait été arrêtée en principe dès 1822 (ordonnance du 3 janvier). Un plan pour l'appropriation des terrains de l'École pratique avait été dressé par M. de Prins en 1829. (Voir les procès-verbaux du Conseil académique, séances des 29 octobre 1831 et 11 janvier 1832).

4. La Faculté a perdu exactement dans cette opération 1 115 toises ou 4 235 mètres carrés : 1143 mètres carrés (301 toises), qui ont servi à constituer la rue Racine, 3092 mètres carrés (814 toises), formant le surplus du terrain qui lui appartenait au delà, et qui ont été vendus au prix de 210 000 fr.

être transporté dans la pépinière du Luxembourg. Le produit de l'acquisition faite par la Ville des terrains de la rue Racine permit, il est vrai, de reconstruire les pavillons de dissection de l'Ecole pratique et d'achever la façade de l'hôpital des cliniques. Mais c'était une compensation médiocre pour une perte si considérable, et à ce sacrifice faillit en être ajouté un autre. On avait pensé à prolonger la rue Hautefeuille jusqu'à la rue Racine, entre le cloître et le réfectoire des Cordeliers ; ce qui eût rendu presque impossible tout agrandissement ultérieur de ce côté. Grâce à un heureux concours d'objections, l'idée n'aboutit pas [1].

Le plan d'agrandissement. Le projet de M. de Gisors.

Dès cette époque, il est vrai, on commençait à se préoccuper des nécessités que les progrès de la science imposaient à l'enseignement. Cependant ce n'est qu'en 1855, à l'occasion des études auxquelles donna lieu le projet de prolongement de la rue des Ecoles et de percement du boulevard St-Germain, qu'un plan d'extension de la Faculté et de reconstruction de l'Ecole pratique fut dressé par l'Etat d'accord avec la Ville. A la Faculté était affecté l'espace qu'elle doit occuper aujourd'hui, entre la rue Hautefeuille, le boulevard St-Germain et la rue de l'École de Médecine ou rue des Ecoles prolongée ; à l'Ecole pratique, le terrain s'étendant entre la rue de l'Ecole de Médecine rectifiée, la rue Voltaire prolongée, la rue Monsieur-le-Prince et la rue Racine : soit une surface d'environ 13 333 mètres. Ce plan ne manquait pas de grandeur, et depuis les lignes générales en ont été respectées. Toutefois il laissait l'Ecole pratique enclavée dans les maisons en bordure sur la rue Monsieur-le-Prince, la rue Racine et la rue de l'École de Médecine. Il supposait de plus la destruction du réfectoire des Cordeliers, classé à juste titre parmi les monuments historiques. Enfin le devis s'élevait à 13 000 000. On recula devant la dépense.

---

1. Voir le procès-verbal de la séance du Conseil académique du 14 janvier 1832. « Considérant que le prolongement de la rue Racine se dirigeant vers la rue Hautefeuille aurait pour conséquence inévitable, en traversant le terrain de la Faculté de Médecine, de détruire l'ensemble de l'établissement ; qu'en effet cinq des six pavillons de dissection existant actuellement seraient détruits... ; qu'il faudrait entamer dans une proportion considérable le bâtiment dit l'ancien réfectoire du couvent des Cordeliers... » De son côté, le service de la voirie faisait valoir que le coude formé par la jonction de la rue Racine à la rue Hautefeuille prolongée serait moins favorable à la circulation que le développement en droite ligne de la rue Racine vers la rue de la Harpe.

Les études poursuivies par M. Ginain de 1860 à 1870.

Les études furent activement reprises en 1860. Les limites de l'École pratique étaient à peu de chose près les mêmes. Le projet du prolongement de la rue Voltaire ayant été abandonné, elles s'arrêtaient à l'ouest à la rue Antoine-Dubois dont les maisons devaient être expropriées. En outre on conservait le réfectoire des Cordeliers. La Faculté restait également dans le périmètre primitivement déterminé par M. de Gisors; mais sur cet emplacement il s'agissait d'établir à côté de la Faculté l'Académie de Médecine et peut-être l'École de Pharmacie. On visait à l'économie. C'est dans cet esprit que furent préparés les nombreux avant-projets qui datent de cette période. Pour l'École pratique, le devis de la dépense fut abaissé successivement de 11 225 000 à 9 400 000, puis à 6 300 000 fr. dont 2 200 000 absorbés par des opérations de voirie. Pour la Faculté, le dernier projet (12 février 1867) évaluait les frais de construction à 5 272 000 fr., indépendamment des expropriations estimées alors à 3 352 000 fr., ce qui donnait un chiffre total de 8 624 884 fr.[1]. Les travaux de l'École pratique étant les plus urgents au point de vue de la préparation des étudiants, on s'était accordé à les placer en première ligne. Les plans approuvés par la Ville venaient d'être soumis à l'approbation du Conseil des Ministres par l'administration de l'Instruction publique, lorsque la guerre de 1870 éclata.

[1]. « Le projet étudié sur ces bases, « écrivait le Préfet de la Seine au Ministre de l'Instruction publique le 2 mars 1867, » satisfait à la demande de Votre Excellence, en ce qui touche l'Académie impériale de Médecine ; mais on n'a pu trouver place pour les services de l'École de Pharmacie.

« L'espace indiqué pour la recevoir n'a que 800^{mq} au lieu de 1 800^{mq} au minimum, qui, suivant l'appréciation des architectes de la Ville, seraient nécessaires, non compris les jardins botaniques, pour une installation complète. Ces 800^{mq} ne pourraient d'ailleurs être affectés à l'École de Pharmacie qu'en resserrant ou en supprimant plusieurs services importants de l'École de Médecine.

. « On ne trouverait même pas la surface nécessaire à l'École de Pharmacie en renonçant à installer l'Académie de Médecine dans les bâtiments de la Faculté.

« Il serait peut-être possible d'établir les bâtiments de l'École de Pharmacie, — non compris les jardins pour lesquels des terrains paraissent pouvoir être réservés rue de Lacépède, — sur l'emplacement d'un jardin de 1 600^{mq} environ dépendant de l'hôpital des cliniques et auquel on adjoindrait une surface de 300^{mq} pris aux dépens de l'École pratique. On rendrait à l'École pratique en compensation de ce retranchement, une surface d'environ 450^{mq} à provenir de l'École communale, rue Racine n° 8, et d'une partie de l'École impériale de dessin, ces deux Écoles devant être transférées sur d'autres points.

« En mettant à part le projet de reconstruction de l'École de Pharmacie, les travaux d'agrandissement de la Faculté de Médecine, avec adjonction de l'Académie impériale de Médecine, comprenant : 1° une salle des séances (100 membres titulaires et le public); — 2° une salle des Pas-Perdus; — 3° une bibliothèque; — 4° une salle de conseil et une salle pour les commissions;

L'abandon du projet d'agrandissement.— La loi du 10 août 1876.

Les événements suspendirent tous les projets. On sembla renoncer à l'idée de l'agrandissement. Dans l'opération du percement du boulevard, les terrains reconnus nécessaires pour la Faculté ne furent pas réservés ; certains lots furent même mis en vente. En 1872, il ne s'agissait plus que de donner à la Faculté une étroite façade sur le boulevard, derrière le grand amphithéâtre. Une heureuse combinaison du Ministre des Finances, M. Léon Say, permit de reprendre la question. Sur l'avance de 9 400 000 fr., faite par le Trésor à la Ville de Paris le 20 juin 1871, la Ville consentit, moyennant le règlement du compte, à consacrer 6 000 000 [1] à l'agrandissement de la Faculté. Cette convention, consacrée par la loi du 10 août 1876 [2], avait l'avantage décisif de permettre un commencement d'exécution. Mais le projet, eu égard aux besoins, était encore trop restreint. Si l'on accordait à la Faculté proprement dite tout l'espace compris dans le plan de 1855, ce qui lui assurait une surface près de trois fois plus grande [3] (7 000 m. environ au lieu de 2 500), on maintenait l'Ecole pratique au milieu des bâtiments riverains de la rue Racine, de la rue Monsieur-le-Prince et de la rue de l'Ecole de Médecine, qui l'enserraient.

— 5° le bureau du secrétaire perpétuel ; — 6° le bureau de correspondance ; — 7° le service de la vaccine ; — 8° le laboratoire pour l'analyse des eaux minérales et remèdes secrets, — donneraient lieu à une dépense de. 5 272 700 fr.

« D'un autre côté, les acquisitions à réaliser pour former le périmètre des nouvelles constructions formeraient une dépense approximative de. . . 5 137 396 fr.

« Toutefois, comme une partie seulement des propriétés à exproprier serait affectée à la formation du périmètre de l'École de Médecine, il y a lieu de retrancher de cette somme la valeur des terrains qui seraient livrés à la voie publique et des parcelles qui pourraient être rétrocédées, soit une somme de 1 785 212

« Ce qui réduit la dépense à . . . . 3 352 184 ci 3 352 184 fr.

« Il résulte de ce qui précède que l'agrandissement de la Faculté de Médecine donne lieu à une dépense totale de . . . . 8 624 884 fr.

« Dont la moitié, à la charge du budget municipal, serait de 4 312 442 fr. »

1. Sur cette somme de 6 000 000 de francs, 2 007 587 fr. devaient être consacrés aux expropriations ; 3 992 413 fr. aux constructions. (Rapport présenté au Conseil municipal par M. Viollet-le-Duc, dans la séance du 20 janvier 1877). — Le devis approuvé s'élève, en réalité, à 4 315 914 fr.

2. *Bulletin des Lois*, année 1876, 2ᵉ semestre, n° 311, page 63, n° 5349. — La convention passée entre l'État et la Ville (29 février 1876) est annexée à la loi.

3. Voici les dimensions exactes. La surface des bâtiments de l'ancienne Faculté de Médecine était de 2 485ᵐᵠ, y compris les cours, et, avec les annexes de la rue Hautefeuille, de 3 556ᵐᵠ. L'îlot complet limité par la rue des Écoles, le boulevard Saint-Germain et la rue Hautefeuille, mesure 6 930ᵐᵠ.

Les nécessités créées par le décret de 1878. La translation provisoire de l'École pratique dans les bâtiments de l'ancien collège Rollin. Le périmètre définitif de l'agrandissement.

Les plans n'étaient pas encore définitivement adoptés au bout de deux ans. Cependant l'application du décret du 20 juin 1878 qui rendait les travaux pratiques obligatoires pour tous les étudiants ne souffrait pas de délai. Il fallut se décider à transporter temporairement l'Ecole pratique elle-même dans les bâtiments évacués par le collège Rollin, et là, l'expérience établissait bientôt que la surface, relativement considérable, occupée par cette installation provisoire (8 600 mètres), était insuffisante[1]. L'évidence des besoins, soutenue avec autorité par M. l'architecte Ginain et par M. le professeur Farabeuf, mise en pleine lumière au Conseil municipal par des interprètes convaincus, triompha des dernières difficultés[2]. Aujourd'hui dans les plans arrêtés conformément à la convention nouvelle, l'Ecole pratique, dégagée sur toutes ses faces, occupe avec la Faculté une superficie de 21 000 mètres (exactement 21 042)[3], la clinique du Luxembourg non comprise. C'est un peu moins que la Faculté de Lyon, qui a été traitée avec une magnificence incomparable[4]; c'est plus que les Universités d'Allemagne les mieux organisées, Bonn exceptée.

La Sorbonne.

Les études et les négociations relatives à la Sorbonne ont été plus laborieuses encore. Mais il semble qu'il soit dans sa destinée d'attendre et qu'elle n'ait pas à le regretter.

La première restauration sous Richelieu.

Félibien raconte[5] que « le jour où, en présence du cardinal de Richelieu, « on commença les travaux de réédification du collège de Robert Sorbon, on « mit dans les fondations une grande médaille d'argent où la Sorbonne estoit « représentée sous la figure d'une vénérable vieille qui tenait une Bible de la « main gauche et avait la droite appuyée sur le Tems avec cette inscription tout « autour : *Huic sorte bona senescebam*, pour marquer que c'était un effet de son « bonheur que sa vieillesse fût parvenue jusqu'au temps d'un pareil restaura-

---

1. La dépense de cette installation s'est élevée à 392 903 fr. : 200 000 de compte à demi entre l'État et la Ville ; 192 903 à la charge exclusive de l'État. Le premier compte est encore en liquidation.

2. Procès-verbaux du Conseil municipal (séance du 21 décembre 1880.) Rapport de M. Lovraud.

3. 6 930^{mq} pour la Faculté ; 14 112^{mq} pour l'Ecole pratique.

4. La surface occupée par la Faculté de Médecine de Lyon est d'environ 25 000^{mq} dont partie (11 550) appartenait déjà à la Ville, partie (13 450) a été acquise par voie d'expropriations.

5. *Histoire de la Ville de Paris*, composée par *D. Michel Félibien* ; revue, augmentée et mise au jour par *D. Guy Alexis Lobineau*, tous deux prêtres religieux bénédictins de la Congrégation de Saint-Maur, justifiée par des preuves authentiques et enrichie de plans, de figures et d'une carte topographique. Tome II, livre 27, § 56, p. 1378.

« teur[1]. » Cette fois encore, le temps lui a profité. De tous les projets d'agrandissement qui ont été élaborés, celui qui a obtenu la récente approbation du Parlement est assurément le plus avantageux et le mieux conçu.

L'histoire de la restauration nouvelle.

On rattache volontiers à la pierre solennellement posée en 1855, — cette pierre devenue presque légendaire, — l'étude de la reconstruction contemporaine. Nos vœux et les obstacles auxquels ils se sont heurtés ont une plus longue histoire.

Le décret de 1808, les ordonnances de 1821 et la contestation du Domaine.

Presque au lendemain des Ordonnances du 3 janvier et du 27 février 1821, qui « rendaient au service de l'Instruction publique l'ancienne maison de Sorbonne et les bâtiments en dépendant, » les Facultés qui y avaient été installées avec l'Académie de Paris se trouvaient à l'étroit. Mais avant de songer à en poursuivre l'agrandissement, il fallait en obtenir la possession. Or cette possession était mise en cause par le Domaine, et on n'a pas aisément raison du Domaine. Le droit semblait cependant incontestable. Les bâtiments de la Sorbonne, devenus biens nationaux en vertu de la loi du 18 août 1792, faisaient régulièrement partie de la dotation de l'Université en vertu du décret du 11 décembre 1808[2]. Le Domaine se fondait sur l'arrêté du 19 vendémiaire

---

1. Sur l'état des bâtiments avant la restauration, voir le discours de Filesac, docteur de Sorbonne, publié en 1629 sous le titre de : *Sorbona instaurata, seu Illustriss. Cardinali D. Joanni Armando de Richelieu, Provisori Sorbonæ, actio gratiarum.* « Cum itaque Sorbonæ parietes ipsi, ut est rerum humanarum conditio, post tot secula sensim et hiascere et solvi viderentur, de iis non modo fulciendis, quin potius in novam aliquam camque præstantissimam formam restituendis, necessario cogitandum fuit... » (*L'Administration en France sous le ministère du cardinal de Richelieu* par J. Caillet, docteur ès lettres, 2e édition refondue, tome II, chap. xiv, p. 270 et suiv.) — Voici, d'autre part, comment est décrite la rue de la Sorbonne après la restauration : « La plus grande partie pleine de boues et immondices, et l'autre partie avons veu plusieurs plâtras, graviers et fumiers. » Procès-verbal de visite du 30 avril 1636. (*Estat, noms et nombre de toutes les rues des vingt quartiers de Paris en 1636 d'après le manuscrit inédit de la Bibliothèque nationale, précédés d'une étude sur la voirie et l'hygiène publique à Paris depuis le douzième siècle*, par Alfred Francklin, de la Bibliothèque Mazarine. Paris, 1875, page 114.) — Relativement à l'exact emplacement de la Sorbonne on consultera utilement le *Plan topographique et raisonné de Paris*, ouvrage utile au citoyen et à l'étranger. Dédié et présenté à Monseigneur le Duc de Chevreuse, gouverneur de Paris, par les sieurs Pasquier et Denis. Troisième édition, corrigée et augmentée, 1771, avec privilège du Roy. A Paris, chez Pasquier, rue Saint-Jacques, vis-à-vis le collège de Clermont ; pages 10 et 12, troisième feuille du plan.

2. Aux termes de l'article 1er de ce décret, tous les établissements d'instruction publique qui n'avaient point été aliénés ou définitivement affectés à un autre service public par un décret spécial étaient donnés à l'Université.

an X, qui les avait mis « à la disposition du Ministre de l'Intérieur pour y loger les gens de lettres et ceux des artistes qui n'avaient pu être réintégrés dans le collège Mazarin ; » il oubliait que cette affectation n'avait qu'un caractère provisoire. Si peu justifié qu'il parût, le litige dura plus de vingt ans.

En 1845 enfin [1], l'Université, demeurée maîtresse du terrain, put entrer en négociations avec la Ville, pour lui céder la propriété des bâtiments tant de la Sorbonne proprement dite que de l'annexe de la rue des Poirées (aujourd'hui rue Gerson), qui y avait été rattachée [2], et associer ainsi l'Administration municipale aux projets d'amélioration nécessaires [3]. Mais la remise, préparée en 1850 [4], décrétée en 1852 [5], ne fut elle-même définitivement accomplie que le 1er avril de la même année; tant il est difficile d'arriver à disposer de son bien!

Ces derniers délais avaient été du moins utilisés. Dès 1845, l'administration supérieure avait mis à l'étude les moyens «d'établir d'une façon convenable, « dans le bâtiment de la Sorbonne, l'enseignement des Facultés et particuliè- « rement celui de la Faculté des Sciences, dont l'état était déplorable. » Cette commission, qui comptait dans son sein MM. J.-B. Dumas, Le Clerc, Pouillet et Milne-Edwards [6], avait préparé trois combinaisons [7]. Elles consistaient soit à transporter la Faculté des Sciences hors de la Sorbonne et même hors du quartier latin ; soit à développer la Sorbonne, au sud, derrière le chevet de l'église, sur la rue Saint-Jacques et la rue des Poirées, ou au nord, vers la rue des Mathurins. La première proposition avait été repoussée d'un avis unanime; on ne voulait pas quitter la Sorbonne. La troisième offrait l'avantage de s'attaquer à des maisons de peu de valeur; elle permettait, en outre, de donner à l'édifice de Richelieu une entrée d'honneur et un débouché sur une voie dont on projetait l'ouverture et qui, partant de la place Cambrai pour aboutir à l'École de médecine, devait mettre en communication le fau-

---

1. Ordonnance du 21 août. — Arrêté du 13 décembre.

2. Ordonnance du 16 mai 1821. C'est là qu'avait été installée provisoirement l'École Normale Supérieure.

3. Ordonnance du 6 novembre 1839.

4. Arrêté du 14 juin.

5. Décret du 8 février.

6. Arrêté du 17 novembre 1845.

7. Rapport de M. J.-B. Dumas.

bourg Saint-Germain et le pays latin. Mais l'entrée d'honneur se présentait obliquement à l'axe des bâtiments et l'ensemble de l'opération donnait lieu à de grandes difficultés d'exécution. Plus coûteuse, mais plus décisive était la seconde combinaison, celle qui avait pour objet l'expropriation des bâtiments de la rue Saint-Jacques et de la rue des Poirées. Elle nous assurait immédiatement un terrain de près de 2 000 mètres indépendant et régulier. Deux vastes constructions pouvaient y trouver place : un amphithéâtre capable de contenir 2 400 personnes et destiné aux grandes solennités de l'Université ; — un bâtiment en forme de cloître, propre à recevoir, au rez-de-chaussée, les salles d'enseignement de la Faculté des Sciences et ce qu'on appelait alors les ateliers de préparation, éclairés par une cour spacieuse ; dans les étages supérieurs, les galeries et les collections. La dépense totale était évaluée à 5 045 620 fr. : 2 538 420 fr., pour les terrains à acquérir, 2 507 200 fr. pour les constructions à élever. Ce fut la proposition qui prévalut. Adoptée par le Conseil académique dans une séance qu'avait voulu présider le Ministre, M. de Salvandy [1], elle fut immédiatement soumise à la ratification du Conseil municipal [2].

L'ouverture de la rue des Écoles et la première pierre de la Sorbonne. La suspension des travaux.

Par suite d'une nouvelle série de lenteurs et de contre-temps, aucune résolution n'avait encore été arrêtée, lorsqu'intervint (24 juillet 1852) le décret qui décidait l'ouverture de la rue des Écoles. On reprit l'étude du projet [3], en l'appliquant aux terrains devenus libres entre la rue des Écoles, la rue de la Sorbonne et la rue Saint-Jacques ; et, par un décret du 11 août 1855, cet emplacement qui mesurait une superficie de plus de 5 000 mètres (exactement 5 116^{mq},60) fut affecté à la Sorbonne. En même temps, un plan de reconstruction générale était concerté entre la Ville et l'État, qui devaient l'exécuter à frais communs [4]. La dépense totale était évaluée à 8 000 000 fr.

1. Séance du 9 mars 1846. Du côté nord, on se bornait à indiquer comme désirable l'isolement de la Sorbonne par une rue.

2. Voir l'arrêté ministériel du 18 septembre 1846. « Il est formé pour prendre connaissance des plans et rapports relatifs aux travaux projetés à l'édifice de la Sorbonne et émettre à cet égard un avis motivé, une commission mixte composée des délégués de l'Université et des membres du Conseil municipal de Paris désignés par le Préfet de la Seine, savoir : M. le baron Thénard, chancelier de l'Université, pair de France, président ; l'inspecteur général vice-recteur de l'Académie de Paris ; Galis, Pelassy de l'Ousle, Périer, Horace Say, Mortimer-Ternaux, membres du Conseil municipal ; J.-B. Dumas, Victor Le Clerc, l'abbé Glaire, Pouillet, professeurs de Faculté ; Durand architecte de la ville, de Gisors, architecte de l'Université.

3. Arrêté du 15 décembre.

4. Traité du 10 août 1855.

L'Administration académique, la Bibliothèque de l'Université, le Grand amphithéâtre, la Faculté des Lettres, étaient établis sur le terrain nouveau; la Faculté de Théologie restait à la place qu'elle occupait depuis l'origine; la Faculté des Sciences prenait tout le reste. Jamais nous n'avions été plus près d'atteindre le but. Les chantiers de travail avaient été ouverts, et le 14 août, après la distribution des prix du Concours général, la première pierre était scellée. Le lendemain, cette solennité était proposée pour sujet de vers latins aux candidats à l'agrégation des classes supérieures[1]. Mais les murs ne devaient pas s'élever d'eux-mêmes aux accents des Amphions modernes. On ne bâtit qu'avec des millions. La Ville de Paris, qui avait déjà consacré plus de 1 800 000 fr. à l'expropriation des bâtiments du terrain de la rue des Écoles[2], tenait toute prête sa contribution de 4 millions; l'État n'était pas en mesure de verser la sienne. Le Ministre de l'Instruction publique, qui s'était engagé à fournir les ressources, ne les avait pas. Le Ministre des Finances qui disposait des ressources ne se considérait pas comme obligé par un engagement qu'il n'avait pas été appelé à souscrire. La somme due à la caisse municipale pour l'expropriation n'était même pas complètement soldée. Ordre fut donné de cesser les travaux. On se borna à poursuivre l'examen des plans et devis, en élargissant sur le papier les bases du projet. En dernier lieu, l'opération devait comprendre les maisons de la rue St-Jacques; la dépense totale était évaluée à plus de 12 500 000 fr.[3]. Il semblait qu'il fût réservé à la longue et féconde administration de M. V. Duruy de mettre fin à cette situation étrange. Mais sur quels fonds aurait-il pu risquer une telle entreprise? Obligé de vivre au jour le jour et souvent d'expédients, ne pouvant grossir un article de son budget qu'au détriment de tous les autres, justement préoccupé d'ailleurs des progrès de l'enseignement proprement dit, le vaillant Ministre

1. Anno Domini 1855, curante summo Gallicæ Universitatis præside, frequentissimo discipulorum et magistrorum, necnon Parisiensis ædilitatis atque omnium ordinum concursu, Sorbonici palatii, ad majorem bonarum artium gloriam novis incrementis augendi atque amplificandi, prima fundamenta rite ponuntur.

2. « C'était pour la Ville, » disait M. Haussmann, dans son discours au Ministre, le jour de la pose de la première pierre « l'accomplissement d'un pieux devoir que de s'associer dans la plus large mesure à l'acte qui assure enfin des auditoires dignes d'eux aux plus illustres interprètes de l'Université nouvelle. J'ose même dire que la Ville a pris l'initiative de cet acte réparateur, lorsqu'elle a percé à travers des quartiers ignorés du grand nombre la rue des Écoles, cette large voie dont la direction, quelque temps indécise, est aujourd'hui définitivement fixée. »

3. Le 2 mars 1867, le Préfet de la Seine écrivait au Ministre de l'Instruction publique : « Le

dut se borner à enrichir les collections de la Faculté des Sciences, à créer l'École des Hautes Études et les laboratoires de recherches, à ouvrir pour les cours libres de la Faculté des Lettres les amphithéâtres de la rue Gerson qu'on appelait la petite Sorbonne; et toutes ces améliorations n'avaient fait que rendre plus sensible le besoin d'un agrandissement.

La reprise des négociations avec la Ville en 1871. La question ne pouvait manquer de ressaisir les esprits après nos malheurs. Dès les derniers mois de l'année 1871, tandis que l'administration de l'instruction publique dressait dans toute la France l'inventaire général des richesses, ou plutôt de la misère de notre enseignement supérieur, le préfet de la Seine, M. Léon Say, d'accord avec le Conseil Municipal, se déclarait en mesure de rouvrir les négociations restées en suspens. On ne pensait pas pouvoir reprendre l'ancien projet dans tous ses développements en raison de la dépense; on avait à cœur de donner aux travaux une première impulsion[1]. Trois années se passèrent encore en pourparlers sans résultat. Le Parlement s'émut à son tour, et, dans sa séance du 10 décembre 1874, la Commission du Budget demanda qu'un projet de loi lui fût soumis. Les plans de 1846 et de 1855 n'étaient plus en rapport avec la situation. La Faculté des Sciences après avoir occupé tout ce qui était disponible dans l'enceinte de la vieille Sorbonne, avait, avec le concours de l'Administration municipale, cherché un abri, devenu nécessaire, dans les maisons riveraines

devis estimatif des travaux de construction de la Sorbonne s'élève après révision, à la somme de . . . . 9 379 266 fr.

En outre, les acquisitions à faire pour la formation du périmètre de l'édifice donneront lieu, suivant l'estimation qui a été dressée, à une dépense approximative de 1 315 000

Ensemble 10 694 266

« D'un autre côté, les acquisitions précédemment réalisées par la Ville de Paris se sont élevées, en principal et frais, déduction faite de la valeur des matériaux et des terrains revendus à la somme de. . . . . 1 802 070 fr. 44 c.

Il résulte de ce qui précède que l'agrandissement de la Sorbonne donne lieu à une dépense totale de . . . . 12 496 336 fr. 44 c. dont la Ville consentirait à prendre la moitié à sa charge, soit 6 248 168 fr. 22 c.

« Sur la somme de 901 035 fr. 22 c., qui représente la moitié de la dépense nette à la charge de l'État pour les acquisitions réalisées et soldées, il n'a été versé jusqu'ici à la caisse municipale que 425 000. Il reste donc dû à la Ville, de ce chef, 476 035 fr. 22 c. »

1. Lettre du Préfet de la Seine au Ministre, 7 octobre 1871.

de la rue St-Jacques [1], s'y ménageant comme elle pouvait, un peu d'espace, d'air et de lumière; et bientôt ces masures ne suffisant plus elles-mêmes à ses ateliers de travail, elle avait envahi le terrain libre de la rue des Ecoles, et disputé la place au chantier des tailleurs de pierres. Ces nécessités croissantes faisaient entrer les études dans une phase nouvelle.

Les nouveaux projets. Depuis ce moment, trois projets ont été successivement élaborés.

La première combinaison. Dans le premier, introduit au Conseil municipal en 1876 (23 décembre) et présenté à la Chambre des Députés en 1878, on proposait :

1° De maintenir le périmètre des bâtiments qui constituaient l'ancienne Sorbonne, avec adjonction du terrain de la rue des Ecoles, et de six maisons de la partie inférieure de la rue St-Jacques : le tout occupant entre la rue des Ecoles et la rue Gerson un emplacement à peu près rectangulaire, sauf une enclave formée par le groupe des huit maisons sises au coin de la rue St-Jacques et de la place Gerson;

2° D'édifier sur cet emplacement de nouveaux bâtiments raccordés avec les anciens, et d'affecter les locaux anciens et nouveaux à l'Académie de Paris, à la Faculté de Théologie et à la Faculté des Lettres ;

3° De transférer la Faculté des Sciences sur un terrain de la rue de l'Abbé-de-l'Epée, provenant de l'ancienne pépinière du Luxembourg, d'une contenance d'environ 15 000 mètres, ledit terrain cédé gratuitement par l'Etat [2].

La dépense était évaluée à 8 000 000 fr. : 3 500 000 fr. pour la construction des bâtiments neufs de la la Sorbonne, — on ne touchait pas aux bâtiments anciens; — 4 500 000 fr. pour la Faculté des Sciences [3].

Ce plan avait surtout pour objet de donner satisfaction à la Faculté des Sciences, et cette satisfaction était largement mesurée. Cependant il avait ren-

1. Ces maisons avaient failli être détruites en 1856. C'est M. J.-B. Dumas, Président du Conseil municipal, qui avait arrêté la pioche des démolisseurs en demandant qu'elles fussent louées à la Faculté pour y établir des laboratoires.

2. Cette cession gratuite de l'État à la Ville était considérée comme équivalente à la cession faite par la Ville à l'État des terrains de la rue des Ecoles.

3. Voir le rapport de M. Harant au Conseil municipal (20 mars 1877) et le projet de loi de M. Bardoux (11 janvier 1878). — Tous les projets préparés pendant cette longue période d'études sont dus à M. Ginain.

contré des objections au sein de la Faculté même[1]. Comme en 1846, les professeurs se refusaient à quitter l'enceinte de la Sorbonne; ils ne voulaient pas s'éloigner de la Faculté des Lettres; ils regrettaient le voisinage du Collège de France et de la Faculté de Médecine; ils craignaient enfin que leurs cours fussent d'un accès moins facile pour leurs auditeurs ordinaires et pour les jeunes maîtres de nos lycées. Ces appréhensions ayant trouvé créance et appui au Conseil municipal, diverses propositions vinrent se greffer sur le projet.

Les amendements. On avait d'abord cherché le moyen de ne pas déplacer la Faculté des Sciences. C'est la Faculté qui en avait suggéré l'idée. Mais pour cela, elle réclamait tous les terrains situés au nord et à l'est de la Sorbonne, c'est-à-dire l'emplacement compris entre la rue Saint-Jacques, la rue des Écoles, la rue de la Sorbonne et la rue Gerson, ce qui équivalait à demander l'îlot entier, sauf l'ancienne Sorbonne qu'elle laissait aux services qui l'occupaient. Ces conditions étaient inacceptables de l'avis de ceux qui étaient le plus intéressés à les soutenir[2]. D'une part, elles élevaient considérablement le chiffre de la dépense; — l'acquisition des maisons du coin de la rue Saint-Jacques et de la place Gerson n'était pas estimée à moins de 3 à 4 millions; — d'autre part, elles rendaient presque impossible toute amélioration sérieuse pour la Faculté des Lettres, la Bibliothèque et l'Académie.

Pour faire le champ libre à la Faculté des Sciences, d'autres avaient pensé à transporter sur les terrains du Luxembourg les services administratifs de l'Académie et la Bibliothèque de l'Université. « Il n'est personne qui ne reconnaisse, disait-on, que les bureaux de l'Académie sont peu dignes d'une grande administration de Paris, qu'il ne s'y trouve des locaux convenables ni pour les réunions des conseils académiques, ni pour les réceptions des savants français et étrangers que la Ville voudrait dignement recevoir. Il serait utile d'y placer une grande bibliothèque universitaire, d'y établir des locaux pour les agrégations et tous les examens scolaires, d'y refaire même une salle pour les solennités qui ont lieu actuellement dans la salle dite du Concours, si incommode, si exiguë et si insuffisante. Nous irions ainsi au-devant

1. Voir les délibérations de la Faculté des 15, 18 et 20 décembre 1877, la dépêche ministérielle du 14 mars et le rapport précité de M. Harant.
2. Proposition de loi relative à l'agrandissement de la Sorbonne et à la construction d'un bâtiment spécial pour la Faculté des Sciences, présentée par M. Paul Bert (4 juin 1878), page 11.

d'une pensée que le Ministre a exprimée et à laquelle certainement Paris tiendra à s'associer, celle de faire de ce palais académique non seulement le chef-lieu des établissements de l'Etat qui sont du ressort de notre Académie, mais une sorte de métropole de l'enseignement universitaire[1] ». C'était une idée très acceptable en elle-même, mais qui ne résolvait pas le problème : ni l'Administration Académique, ni la Bibliothèque n'avaient besoin de tant de place et celle qu'elles auraient faite à la Sorbonne n'eut fourni qu'une médiocre ressource.

Le projet finalement adopté par le Conseil municipal (5 avril 1877) tel qu'il avait été préparé par le Ministre de l'Instruction publique, avait été présenté à la Chambre (11 janvier 1878). Il y fut l'objet d'un nouvel et considérable amendement. On proposait de transporter le lycée Louis-le-Grand sur les terrains de l'ancien hospice des Incurables, rue de Sèvres, et d'installer la Faculté des Sciences sur l'emplacement du lycée Louis-le-Grand, les conditions pour l'aménagement de la Sorbonne demeurant les mêmes qu'au projet ministériel[2]. La proposition était neuve et séduisante. La Faculté trouvait là, à sa porte, une surface de plus de 15 000 mètres (exactement, 15 691). Mais il n'y avait pas à compter sur les bâtiments du lycée, contrairement à ce qu'avait pensé l'auteur de l'amendement. Ils étaient à reprendre jusqu'aux assises, et la dépense de reconstruction n'était pas évaluée à moins de 5 247 400 fr.[3]. Que faire d'ailleurs de Louis-le-Grand? L'hospice des Incurables offrait, sans doute, une surface enviable : 36 857^{mq}, près de deux fois et demie la superficie actuelle du lycée. Mais les locaux n'étaient pas libres. Eussent-ils été disponibles, il fallait les aménager : ce qui ne pouvait se faire sans des frais énormes.

En présence de ces divergences d'avis et de ces difficultés d'exécution, le Gouvernement prit le parti de retirer son projet.

La deuxième combinaison.

Une deuxième combinaison fut présentée au Conseil municipal en 1879 (30 octobre). Les bases financières étaient les mêmes que pour la première. L'Etat fournissait les terrains du Luxembourg; la Ville ceux de la rue des Ecoles et des six maisons de la rue Saint-Jacques. Elle apportait, en outre,

1. Rapport de M. Harant (20 mars 1877) déjà cité.
2. Proposition de loi de M. Paul Bert (4 juin 1878) déjà citée.
3. Rapport de M. Ginain (17 mai 1879).

au fonds commun une contribution à forfait de 4 000 000[1]. La seule différence avec le projet antérieur, — différence, il est vrai, considérable, — c'est
que les terrains du Luxembourg étaient exclusivement réservés aux services
des cours de sciences physiques et naturelles (amphithéâtres, laboratoires et
collections). Le siège de la Faculté était maintenu à la Sorbonne avec les
chaires des sciences mathématiques et les examens. Pour retrouver l'emplacement que nécessitait cette modification, les logements des doyens et un certain nombre d'amphithéâtres prévus dans le premier plan étaient supprimés[2].
Cette combinaison, que les professeurs acceptaient[3], avait également obtenu
les suffrages de la Commission du Conseil municipal. Elle échoua au sein
du Conseil devant deux prétentions qui se produisirent dans le cours de la
délibération : l'une relative à la mise au concours du projet, concours que,
dans les conditions du forfait qu'il avait accepté, l'Etat se montrait peu dis-
posé à admettre, l'autre touchant à la place réclamée pour l'enseignement
libre[4].

La troisième combinaison. La loi du 22 août 1881.

Ce défaut d'entente, survenu à la dernière heure, eut du moins pour heureux effet de provoquer un nouvel et définitif examen de la question[5]. La
discussion aboutit au traité du 30 juin et à la loi du 22 août 1881. Satisfaction
était donnée au Conseil municipal pour les cours libres dans les limites de
la loi, et la mise au concours du projet était acceptée. En retour, ainsi que
nous l'avons indiqué plus haut[6], la dépense était équitablement répartie
entre la Ville et l'Etat, et le périmètre assigné à la nouvelle Sorbonne,
restaurée tout à la fois et agrandie, était augmenté de près d'un tiers[7].

1. Rapport au Conseil municipal par M. Harant (séance du 8 décembre 1878).
2. Dépêche du ministère de l'Instruction publique, 30 octobre 1879.
3. Délibération du 13 novembre 1879.
4. Articles additionnels présentés par M. Bourneville (29 janvier 1880). — Rapport complémen-
taire présenté par le même (31 janvier 1880.)
5. Rapport de MM. Engelhard, de Heredia et Cernesson au nom des 3e, 4e et 5e commissions
(2 juin 1881).
6. Voir page 2.
7. Les travaux de restauration de la Sorbonne au 17e siècle n'ont pas duré plus de huit ans,
et l'industrie ne disposait pas alors des engins que lui a fournis la science moderne.
« Les plans des nouvelles constructions dressés par l'architecte Jacques Lemercier, dit un
historien, furent soumis à la maison de Sorbonne le 20 juin 1626. L'année suivante, la première
pierre de la grande salle fut posée par l'archevêque de Rouen, Mgr François de Harlay... Le nouvel
édifice, composé de trois corps de logis, encadrait une cour en parallélogramme avec deux larges

La comparai-
son du plan adop-
té avec les plans
de 1846, de 1855
et de 1877.

Le plan de 1846 aurait fourni au centre de nos études universitaires une superficie d'environ 9000 mètres. Celui de 1855 portait cette surface à 14000 mètres, l'annexe de la rue Gerson comprise. Dans le plan qui est à la veille d'être exécuté, nous disposons de près de 20000 mètres (exactement 19792 m. 40), soit une étendue de plus du double relativement au plan d'origine. Sans doute, la translation partielle sur le terrain du Luxembourg nous plaçait dans des conditions d'espace encore plus favorables; mais les proportions de l'emplacement obtenu dépassent les limites que la Faculté des Sciences traçait elle-même en 1877, en reconnaissant la difficulté de les atteindre; et conformément à son vœu réitéré, nous conservons à la métropole de l'enseignement supérieur son unité séculaire[1]. Qui sait au surplus si, un

entrées.... Lorsque les constructions du collège furent terminées, Richelieu s'occupa de l'église dont il posa lui-même la première pierre, le 15 mai 1635 sur l'emplacement du collège de Calvi. » (*Histoire de l'Université de Paris au dix-septième et au dix-huitième siècle*, par Charles Jourdain, ancien professeur de philosophie, chef de division au ministère de l'Instruction publique et des cultes, Paris, Hachette, 1862, chap. vi, p. 122-123.) — La loi du 22 août 1881 stipule un délai de six années. Puisse ce terme n'être pas dépassé !

[1]. Voici à titre de renseignement le tableau comparatif des surfaces actuellement occupées et des surfaces demandées par les différents services pour la reconstruction :

	SURFACES	
	Actuelles.	Demandées.
1° Académie et services communs	2 805mq 12	3 437mq 00
2° Faculté de Théologie	472 76	911 00
3° Faculté des Sciences	7 357 00	15 000 00
4° Faculté des Lettres.	990 74	4 121 00
5° Bibliothèque de l'Université.	(a) 782 00	1 565 00
6° Bibliothèque Cousin	259 00 *	260 00
7° École des Hautes Études	123 00	123 00
Totaux.	12 789mq 62	27 117mq 00

a Ce chiffre ne comprend pas les surfaces de l'appartement du conservateur et des logements des agents, qui restant à déterminer.

* La superficie murale actuelle des casiers est de 2 825mq. La superficie murale demandée est de 3 050mq.

Sur les conditions d'un bon aménagement d'une Faculté des Sciences voir les beaux travaux de M. le professeur Wurtz: *Les Hautes études pratiques dans les Universités allemandes.* 1er Rapport présenté au Ministre de l'Instruction publique par M. Adolphe Wurtz, membre de l'Académie des Sciences, doyen de la Faculté de Médecine de Paris, Paris, Imprimerie impériale, 1870. — 2e Rapport; 1882.

jour, l'Administration municipale ne trouvera pas, de concert avec l'Administration de l'instruction publique, le moyen de pousser de nouveau l'extension de la Sorbonne vers la rue Soufflot, plus près encore de la Faculté de Droit, la sœur aînée de nos Facultés scientifique et littéraire, dans cette région qui est presque, qu'on nous permette de le dire, la région patrimoniale de l'Université?

<table>
<tr><td>Conclusion. Ces agrandissements ne font que répondre aux besoins présents.</td><td>Si considérables, en effet, que paraissent ces agrandissements et si satisfaisants qu'ils puissent être, ils ne font que répondre aux besoins présents. Pour le reconnaître, il suffit de se rendre compte des nécessités créées par le développement de la collation des grades, par l'augmentation du nombre des chaires, par la nécessité de préparer des candidats aux examens professionnels de l'enseignement secondaire, enfin et surtout par les conditions mêmes de la science telle qu'elle s'enseigne, telle qu'elle doit aujourd'hui s'enseigner.</td></tr>
</table>

On en pourra juger par les renseignements suivants.

II.

Le nombre des grades conférés par la Faculté des Sciences, depuis son origine (1810) jusqu'au 1er janvier 1881 s'élève à 30 013 :

Baccalauréat 26 978
Licence 2 580   30 013
Doctorat 455

A la Faculté des Lettres, il est de 61 548 :

Baccalauréat 59 106
Licence 1 072   61 548
Doctorat 470

Ensemble 91 561

Or, d'après les résultats relevés dans les seize dernières années (1865 à

1880), la proportion normale des candidats auxquels le diplôme est conféré, relativement au nombre des candidats inscrits, s'établit ainsi :

	Baccalauréat.	Licence.	Doctorat.
Sciences :	38,00 %	62,37 %	99,48 %
Lettres :	11,37 %	15,24 %	99,37 %

Le nombre des candidats, en supposant qu'ils aient tous réussi à la première épreuve, se trouverait donc porté, pour la Faculté des Sciences, à 75 476

Baccalauréat.	70 882
Licence	4 137
Doctorat	457

pour la Faculté des Lettres à. 138 042

Baccalauréat	133 211
Licence	4 358
Doctorat	473
Ensemble.	213 518

Encore faut-il remarquer que, dans le calcul concernant le baccalauréat ès lettres, il n'a été fait compte que des candidats à l'examen de philosophie, c'est-à-dire de celui auquel est attaché le diplôme ; qu'il y a lieu conséquemment, pour être exact, d'ajouter les candidats à l'examen de rhétorique, qui, depuis l'institution du baccalauréat scindé (1875) ont été au nombre de 13 748 : ce qui, en dernière analyse, constitue un total de 227 266 candidats.

Nos renseignements ne remontent, pour la Faculté de Droit et l'École supérieure de Pharmacie, qu'à 1865 ; pour la Faculté de Médecine, qu'à 1872 ; et ils ne se rapportent également qu'aux examens subis avec succès. Mais, même dans cette mesure, ils sont significatifs[1].

1. Pour les Facultés de Théologie, voici les renseignements que nous possédons. De 1830 à ce jour, la Faculté de Théologie catholique a conféré 128 diplômes de baccalauréat ; 64 de licence,

De 1865 à 1880, la Faculté de Droit a conféré 18 773 diplômes, savoir :

Certificat de capacité	340
Baccalauréat.	9 041
Licence	8 434
Doctorat	958
Total. . .	18 773

Comme le certificat de capacité donne lieu au moins à 1 examen, le baccalauréat à 2, la licence et le doctorat à 3, il en résulte que le nombre des examens subis a été, — en admettant encore que tous les candidats aient réussi du premier coup [1] — de 46 598 :

Certificat de capacité.	340
— baccalauréat	18 082
— licence	25 302
— doctorat.	2 874
Total égal. . . .	46 598

Dans la même période, l'École supérieure de Pharmacie a délivré 3 322 diplômes, savoir :

Pharmacien de 1re classe . . .	1 087	
— de 2e classe . . .	692	3 322
Herboriste.	1 543	

Ce qui, toujours dans l'hypothèse du succès à la première épreuve, suppose 13 108 examens au minimum[2].

61 de doctorat. La Faculté de Théologie protestante, depuis sa translation à Paris (1876) a délivré 18 diplômes de baccalauréat, 5 de licence, 2 de doctorat.

1. Les étudiants inscrits dans la même période ont été au nombre de 36 199. — Ils se répartissaient ainsi :

Certificat de capacité	816
Baccalauréat	23 451
Licence.	10 162
Doctorat	1 770

Le nombre des inscriptions prises a été de 111 781.

2. Pour établir ce chiffre, nous avons dû distinguer les candidats en deux catégories :

Le nombre des examens subis à la Faculté de Médecine depuis 1872.

Enfin, à la Faculté de médecine, de 1872 à 1880, il a été conféré 5 971 diplômes :

Docteur	4 589
Officier de santé	108
Sage femme de 1re classe	1 216
— 2e classe	58
Total	5 971

Or ces diplômes étant obtenus : le premier après 9 épreuves, le deuxième après 5 épreuves, le troisième et le quatrième après 1 épreuve, le total des examens subis, dans les mêmes conditions de réussite immédiate, s'élève au moins à 43 115 :

Docteur	41 301	
Officier de santé	540	43 115
Sage femme de 1re classe . .	1 216	
— 2e classe . .	58	

La progression générale du nombre des candidats.

L'étude de la progression du nombre des candidats fournit des éléments d'appréciation non moins saisissants.

1° Ceux qui ont fait leurs études d'après le régime du règlement de 1854;
2° Ceux qui ont été soumis aux dispositions du décret du 14 juillet 1875.

Le nombre des candidats au diplôme de pharmacien de 1re classe est :

Pour le régime de 1854	732	1 087
Pour — de 1875	355	

Celui des candidats au diplôme de 2e classe est :

Pour le régime de 1854	464	692
Pour — de 1875	228	

Les épreuves du diplôme de 1re classe étaient au nombre de 8 avant 1875. Il n'y en a plus que 7 aujourd'hui. — Celles du diplôme de 2e classe ont été portées, au contraire de 4 à 6. Quant au diplôme d'herboriste, il a toujours été délivré à la suite d'une seule épreuve. Voici à quels résultats conduit le calcul fait d'après ces bases :

Pharmacien de 1re classe	ancien régime	5 856	8 341
	nouveau régime	2 485	
Pharmacien de 2e classe	ancien régime	1 856	3 224
	nouveau régime	1 368	
Herboriste			1 543
			13 108 examens

Faculté des Sciences. La Faculté des Sciences a commencé par donner 6 diplômes de baccalauréat (année 1810), et jusqu'en 1825 les brevets se comptent par unités. En 1847, nous constatons 621 candidats; en 1865, 1 751; en 1875, 2 169; en 1880, 2 793; soit près de cinq fois plus qu'en 1847 (exactement 4,49). Pour la licence, la proportion a plus que doublé[1] : 69 en 1847, 84 en 1865, 157 en 1880.

Faculté des Lettres. A la Faculté des Lettres, pour le baccalauréat, nous passons de 2 494 candidats en 1865, à 3 033 en 1875, et à 4 856 en 1880; pour la licence, de 75 en 1865, à 85 en 1869, 89 en 1875, 138 en 1880; soit, pour moins de 15 ans, une augmentation de près du double (1,94, baccalauréat; 1,84, licence).

Faculté de Droit. A la Faculté de Droit, la progression semble, au premier abord, moins sensible. Le nombre des étudiants inscrits aux cours du baccalauréat descend de 1 922 en 1865, à 1 798 en 1869, à 1 354 en 1876, à 1 314 en 1880, soit une diminution de 31,63 %. Il oscille, pour la licence, entre 500 et 600 : 596 en 1865, 717 en 1869, 552 en 1876, 509 en 1880; ce qui ferait une moyenne de 593. Pour le doctorat, il s'élève de 49 à 71, à 137, à 172, soit une augmentation de plus de trois fois et demie (exactement, 3,51). Enfin, il y a augmentation aussi dans les inscriptions pour le certificat de capacité : 38, 56, 51, 72.

Disons tout de suite que les diminutions ne sont qu'apparentes. En 1865, beaucoup d'étudiants qui figuraient sur les registres ne participaient pas aux examens. En 1880, grâce à la vigilance de M. le Doyen, nous sommes assuré de n'avoir que des élèves qui accomplissent des actes; et l'augmentation si considérable du chiffre des aspirants au doctorat est la preuve que le mouvement ascensionnel est constant.

Faculté de Médecine. La même observation s'applique à la Faculté de Médecine.

Le doctorat, qui fournissait 1 031 candidats en 1872, n'en comptait que 927 en 1876. Ce nombre se relève en 1878 à 1 075, en 1879 à 1 063[2]. En

---

1. Le rapport est exactement de **2,27**.

2. En 1880, nous ne comptons que 889 candidats. Cette diminution s'explique par le changement apporté au régime des études. C'est la première année qu'a été appliqué le décret du 20 juin 1878.

1847, il était de 230, en 1855 et en 1865 de 283 ; c'est-à-dire qu'il a plus que triplé.

On peut se faire une idée plus nette encore peut-être de la charge imposée par les examens aux Facultés de Paris en la comparant à celle des autres Facultés, de 1855 à 1876.

Pour mieux assurer les bases de la comparaison, nous avons cru devoir distinguer dans ces vingt et une années deux périodes : la 1re de 1855 à 1865 ; la 2e de 1866 à 1876.

Le nombre des diplômes conférés par les Facultés de Paris qui ne passent pas, on le sait, pour faire trop de concessions à l'indulgence, relativement au nombre total des diplômes conférés dans toute la France, de 1855 à 1865, peut s'établir ainsi qu'il suit[1] :

INDICATION DES FACULTÉS.	CERTIFICAT DE CAPACITÉ.			BACCALAURÉAT.			LICENCE.			DOCTORAT.		
	Nombre des diplômes délivrés dans toute la France.	Nombre des diplômes délivrés à Paris.	Prop. % du nombre des diplômes conférés à Paris relativ. au nombre des diplômes conférés dans toute la France.	Nombre des diplômes délivrés dans toute la France.	Nombre des diplômes délivrés à Paris.	Prop. % du nombre des diplômes conférés à Paris relativ. au nombre des diplômes conférés dans toute la France.	Nombre des diplômes délivrés dans toute la France.	Nombre des diplômes délivrés à Paris.	Prop. % du nombre des diplômes conférés à Paris relativ. au nombre des diplômes conférés dans toute la France.	Nombre des diplômes délivrés dans toute la France.	Nombre des diplômes délivrés à Paris.	Prop. % du nombre des diplômes conférés à Paris relativ. au nombre des diplômes conférés dans toute la France.
Sciences. . .	»	»	»	23 155	7 591	32,78	898	538	59,91	133	96	72,18
Lettres. . . .	»	»	»	30 195	8 103	26,83	922	308	33,41	123	96	78,05
Droit.	1 023	351	31,00	9 335	6 473	69,31	8 978	5 567	62,01	815	588	72,14
Médecine . .	»	»	»	»	»	»	»	»	»	4 377	3 354	76,62

[1]. Ces chiffres résultent d'un calcul pour la Faculté de Droit et pour la Faculté de Médecine de

La comparaison de 1865 à 1876.
Les causes qui auraient dû produire une diminution du nombre des candidats à Paris.

On ne s'attendrait pas à trouver le même rapport de 1866 à 1876. Pendant ces dix années, cinq Facultés nouvelles ont été créées dans les départements: 4 de droit, 1 de médecine; quarante ont été complétées par des adjonctions de chaires. Il aurait dû résulter de ce développement des ressources de la province un allégement au profit de Paris, les jeunes gens trouvant sur place les directions nécessaires pour leur éducation professionnelle, et les familles ayant la facilité de leur faire subir près d'elles tous leurs examens, même ceux du baccalauréat classique proprement dit. Or il n'en est rien.

La situation.

De 1865 à 1876, la proportion générale du nombre des bacheliers dans toute la France s'élève :

de 51,16 %°   pour le Droit ;
de 42,20 %   pour les Lettres ;
de 1,48 %   pour les Sciences.

Même augmentation dans les examens de licence :

48,26 %   pour les Lettres ;
36,71 %   pour le Droit ;
28,51 %   pour les Sciences ;

Même augmentation et plus sensible encore dans l'examen de doctorat :

68,34 %   pour le Droit ;
28,94 %   pour la Médecine ;

Mais la proportion de Paris s'est élevée en même temps :

de 28,02 %   pour le baccalauréat   ès lettres ;
de 1,15 %   —　　　—   ès sciences ;
de 29,22 %   pour la licence   ès lettres ;

Paris, les renseignements nous faisant défaut. Nous avons pris pour base les deux années extrêmes, 1855 et 1865, pour lesquelles nous avions des indications précises, et nous avons appliqué aux années intermédiaires la moyenne de ces deux années, en tenant compte des quelques indications partielles que nous avons pu recueillir.

de 7,06 %.   pour la licence   ès sciences ;
de 5,12 %.   —   en droit ;
de 25,58 %.   pour le doctorat   en médecine ;
de 0,97 %.   —   en droit.

Il n'y a diminution que pour le baccalauréat en droit, diminution peu importante, puisqu'elle n'atteint que 5,37.

Finalement, voici le rapport auquel on arrive :

INDICATION DES FACULTÉS.	CERTIFICAT DE CAPACITÉ.			BACCALAURÉAT.			LICENCE.			DOCTORAT.		
	Nombre des diplômes délivrés dans toute la France.	Nombre des diplômes délivrés à Paris.	Prop. % du nombre des diplômes conférés à Paris relativ. au nombre des diplômes conférés dans toute la France.	Nombre des diplômes délivrés dans toute la France.	Nombre des diplômes délivrés à Paris.	Prop. % du nombre des diplômes conférés à Paris relativ. au nombre des diplômes conférés dans toute la France.	Nombre des diplômes délivrés dans toute la France.	Nombre des diplômes délivrés à Paris.	Prop. % du nombre des diplômes conférés à Paris relativ. au nombre des diplômes conférés dans toute la France.	Nombre des diplômes délivrés dans toute la France.	Nombre des diplômes délivrés à Paris.	Prop. % du nombre des diplômes conférés à Paris relativ. au nombre des diplômes conférés dans toute la France.
Sciences. . .	»	»	»	26 597	7 068	28,83	1 151	570	49,91	132	107	81,05
Lettres. . . .	»	»	»	42 938	10 374	24,16	1 307	398	29,11	111	91	81,98
Droit.	1 143	238	20,82	14 111	6 125	43,41	12 171	5 853	48,07	1 372	629	45,81
Médecine . .	»	»	»	»	»	»	»	»	»	5 644	4 212	74,62

La comparaison de 1855 à 1876. Si maintenant on réunit en une seule les deux périodes, on aboutit aux résultats suivants[1] :

1. L'observation dont le premier tableau a été l'objet s'applique naturellement à celui-ci pour partie.

INDICATION DES FACULTÉS.	CERTIFICAT DE CAPACITÉ.			BACCALAURÉAT.			LICENCE.			DOCTORAT.		
	Nombre des diplômes délivrés dans toute la France.	Nombre des diplômes délivrés à Paris.	Prop. % du nombre des diplômes conférés à Paris relativ. au nombre des diplômes conférés dans toute la France.	Nombre des diplômes délivrés dans toute la France.	Nombre des diplômes délivrés à Paris.	Prop. % du nombre des diplômes conférés à Paris relativ. au nombre des diplômes conférés dans toute la France.	Nombre des diplômes délivrés dans toute la France.	Nombre des diplômes délivrés à Paris.	Prop. % du nombre des diplômes conférés à Paris relativ. au nombre des diplômes conférés dans toute la France.	Nombre des diplômes délivrés dans toute la France.	Nombre des diplômes délivrés à Paris.	Prop. % du nombre des diplômes conférés à Paris relativ. au nombre des diplômes conférés dans toute la France.
Sciences. . .	»	»	»	19 752	15 259	30,67	2 052	1 111	51,28	265	203	76,60
Lettres. . . .	»	»	»	73 133	18 477	25,26	2 289	700	30,84	231	187	79,91
Droit.	2 166	592	27,33	23 416	12 598	53,73	21 252	11 420	53,73	2 187	1 217	55,64
Médecine . .	»	»	»	»	»	»	»	»	»	10 021	7 566	75,50

D'où il ressort, en résumé, que les Facultés de Paris confèrent à elles seules près des deux cinquièmes des grades obtenus dans toute la France (exactement, 37,12 — 69,339 sur 186,707), et que cette proportion, qui ne descend pour aucun grade au-dessous du quart (c'est le rapport pour le baccalauréat ès lettres et le certificat de capacité en droit), atteint presque le tiers pour le baccalauréat ès sciences et la licence ès lettres, dépasse la moitié pour la licence ès sciences, le baccalauréat, la licence et le doctorat en droit, atteint les trois quarts et au-dessus pour le doctorat en médecine et le doctorat ès sciences, touche enfin aux quatre cinquièmes pour le doctorat ès lettres.

On s'explique aisément ce qu'exige un tel régime d'examens. La Faculté de Médecine tient séance presque tous les jours de l'année. La Faculté de Droit siège régulièrement deux jours par semaine et quatre jours à la fin de chaque trimestre, souvent avec huit bureaux à la fois. A la Faculté des Lettres, pendant toute la durée des sessions, c'est-à-dire pendant plus de deux mois, les cours sont suspendus.

L'Insuffisance des locaux.

Même à ce prix, la sincérité des épreuves, notamment des épreuves écrites du baccalauréat ès sciences et ès lettres, n'est pas assurée. Faute de locaux, on est contraint d'entasser les candidats dans des salles mal disposées pour la surveillance, et il n'est presque pas de jour où nous n'ayons à réprimer la fraude. Nous ne parlons pas des convenances. Les élèves composent sur leurs genoux; les interrogations se font dans des couloirs. Il est vrai qu'il n'y a guère pour s'intéresser aux séances du baccalauréat que les heureux de la veille ou ceux qui viennent chercher à deviner les questions du lendemain. Mais il est de véritables solennités qui attirent un auditoire d'élite. Qui ne connaît les soutenances du doctorat ès lettres? Il y a soixante ans, les thèses étaient des dissertations de vingt pages dont la discussion se bornait à l'échange de quelques idées générales ; on recevait deux docteurs en un jour. La thèse est devenue un livre, et la journée suffit à peine à épuiser l'argumentation. Que de trésors de savoir, de dialectique, d'éloquence, d'esprit, de grâce, prodigués dans cette salle basse, sans jour ni air, où, dès le matin, se pressent, mal à l'aise, une cinquantaine de personnes — tout ce qui peut y tenir — chaque fois qu'une soutenance est annoncée ! Que d'observations profondes, d'aperçus lumineux, d'indications de travaux, de germes d'idées, ont jetés là, sans compter, les maîtres de la critique, de l'érudition, de l'histoire et de la philosophie, Villemain, Guizot, Cousin, Jouffroy, Victor Le Clerc, Damiron, Saint-Marc-Girardin, Patin, pour ne parler que de ceux qui ne sont plus! « Avec ce que j'ai entendu aujourd'hui, » me disait un professeur étranger sortant d'une de ces séances, « il y aurait de quoi alimenter tout un semestre de cours ! Mais quel théâtre pour de telles représentations ! »

III.

Le développement de l'enseignement.

Les examens, quelle qu'en soit l'importance, ne constituent heureusement qu'une partie accessoire de la vie des Facultés. C'est l'enseignement qui en est le fond, et lorsqu'on embrasse l'histoire de celui de Paris, on a peine à comprendre comment il a pu se développer dans le cadre où il était enfermé.

Les budgets des Facultés de 1825 à 1880. L'augmentation générale. L'augmentation pour chaque Faculté.

Il n'y a pas de plus sûr témoin des progrès d'un service public que le budget.

De 1825 à 1880, nos crédits ordinaires (nous ne parlons ici que des quatre grandes Facultés : Sciences, Lettres, Droit et Médecine) ont été graduellement portés de 709 381 fr. à 2 256 340 fr. ; c'est-à-dire qu'ils ont triplé.

La part afférente à chaque Faculté dans cette augmentation générale est intéressante à constater. Elle s'élève :

pour les Sciences, de 73 041 à 485 260 ;
pour les Lettres, — 69 100 — 294 150 ;
pour le Droit, — 271 200 — 444 950 ;
pour la Médecine, — 296 040 — 1 031 980 ;

La progression, lente mais continue de 1825 à 1848, suspendue de 1848 à 1870 (il y a même diminution pour certains services), s'accélère à partir de 1870. De 1875 à 1880, les crédits de la Faculté de Médecine particulièrement ont été augmentés de 90,52 °/₀.

La part des études proprement dites dans a dépense.

Or tous ces crédits s'appliquent à l'enseignement. Sur les 2 256 340 fr. qui constituent le budget de 1880, il n'est prélevé que 59 460 fr., un peu plus de 2 °/₀, pour des dépenses accessoires. Tout le reste est au profit du développement des études.

L'augmentation du nombre des chaires.

Le nombre des chaires de sciences, qui était de 12 à la fondation (1810), est actuellement de 19, et, avec les conférences créées depuis 1877, de 27. A la Faculté des Lettres, de 3 au début (1809), on est arrivé à 11 en 1855, à 16 en 1880, et, avec les cours complémentaires et conférences, à 26. L'extension n'est pas moins importante à la Faculté de Droit et à la Faculté de Médecine : pour la première, 5 chaires en 1804, 21 en 1880, plus 10 conférences ; pour la seconde : 20 professeurs en l'an IV, aujourd'hui 33. Et chacune de ces chaires ou conférences représentant par semaine deux cours au moins, parfois trois, il en résulte que le tableau d'emploi du temps hebdomadaire de notre enseignement supérieur comporte :

à la Faculté des Sciences, 46 leçons
— dés Lettres, 46 —
— de Droit, 99 —
— de Médecine, 116 —

La constitution du matériel d'é-tudes.

Le développement du matériel d'enseignement a naturellement suivi celui des études.

Lorsqu'on parcourt les premiers budgets de nos Facultés, la pensée se reporte au temps où « les pauvres écoliers, les pauvres clercs, les pauvres maîtres de la pauvre maison de Sorbonne, *congregatio pauperum magistrorum studentium*, recevaient, par grande faveur du roi saint Louis, un sou ou deux chaque semaine pour vivre et se procurer des instruments de travail [1]. » Sait-on la somme qui fut allouée à notre enseignement supérieur en 1822 comme fonds de premier établissement? 11 710 fr. 65, réduits ensuite à 8 500 fr., savoir : 4 000 fr. à la Théologie, 2 000 fr. aux Sciences, 2 500 aux Lettres [2]. Il est vrai que pour l'enseignement de la Faculté des Sciences, on comptait sur les collections du Jardin des Plantes, de l'École Polytechnique et du Collège de France [3]. Nos professeurs vivaient d'emprunts. Mais le bien d'autrui ne convenait pas toujours et il était souvent insuffisant. Certaines délibérations du Conseil académique de 1827 à 1830 présentent sous ce rapport un intérêt mêlé de tristesse: « Le professeur de minéralogie, » lisons-nous dans le procès-verbal de la séance du 10 janvier 1823, « demande une somme de 6 000 fr. pour acquérir un cabinet presque complet, le cabinet actuel ne renfermant environ que 30 espèces, tandis que, dans l'état de la science, le nombre des espèces s'élève au moins à 250 qui présentent une multitude de variétés. Le professeur de botanique demande qu'un terrain situé au midi de l'église de la Sorbonne lui soit accordé pour y cultiver 500 à 600 plantes [4] : une somme de 300 fr. suffirait pour le mettre en culture, et les frais d'entretien n'excéderaient pas annuellement 200 fr.. Le professeur de zoologie

---

1. Dulaure, *Histoire physique, civile et morale de Paris*, 6e édition, Paris 1837, tome II, période vi, page 234 et suiv. — Cf. *Histoire de l'Université de Paris*, par E. Dubarle, nouvelle édition, revue et augmentée, 1844, tome I, chap. iii, page 101.

2. Procès-verbaux du Conseil académique de Paris, séance du 15 novembre 1822.

3. Rapport de M. J.-B. Dumas sur l'agrandissement de la Sorbonne (1845).

4. Ce jardin qui occupait le derrière de l'église et la terrasse sur laquelle ont été élevés les amphithéâtres du bâtiment Gerson faisait partie du collège des *Dix-huit* dont l'emplacement avait été acquis par Richelieu avec celui du collège de Calvi pour la construction de la Sorbonne. « Collegium Calvicum tunc fuit ubi hodie exstructum est sacellum Sorbonæ; et collegium quod olim vocabatur *des Dix-huit* erat ubi est hodie viridarium sive hortus ejusdem Sorbonæ, cum ædibus novis ab oriente et meridie, quæ sunt parietes sive claustra ejusdem viridarii; quæ omnia mutata sunt ab Em. cardinale Richelio. » *Archives du Ministère de l'Instruction publique*, Registre xxvi, page 21. — Ce jardin a subsisté jusqu'en 1825.

demande pour la conservation des objets qui ont été donnés à la Faculté par le Jardin du Roi un crédit de 1 889 fr. Le professeur de géométrie descriptive demande une somme de 611 fr. pour acheter sept instruments qui doivent servir à des applications dans son cours... » Et le Conseil académique, « considérant que les dépenses proposées ajouteront un nouveau lustre et permettront de donner de nouveaux développements aux cours de la Faculté, » exprime un avis favorable. Ailleurs on voit, non sans confusion, Biot, mis en cause pour avoir dépassé de 305 fr. le fonds de 700 fr. qui lui avait été accordé, constater qu'il n'avait pas dans le cabinet de physique un condensateur métallique en état de servir, et s'engager à ne pas laisser se détériorer l'appareil qu'il s'était fait fournir par Fortin[1]. Nous sommes loin de ces temps d'indigence : on sait quelle est aujourd'hui la richesse des collections de la Sorbonne. Ainsi en est-il à la Faculté de Médecine. Dénuée de toutes ressources à l'origine, elle possède actuellement deux des plus admirables musées médicaux du monde. Une bibliothèque a été créée à la Faculté de Droit[2]. Enfin la Bibliothèque de l'Université[3] qui, à son origine, comptait moins de 20 000 volumes, en a recueilli, sous la diligente administration de M. Léon Renier près de 100 000, et de toutes les bibliothèques de Paris elle est celle qui, annuellement, fait le plus de prêts.

La place prise par l'enseignement.

Pour s'établir dans ces conditions, l'enseignement a dû, peu à peu, refouler tout le reste.

La Sorbonne réédifiée par Richelieu dans l'esprit, sinon sur le plan de son fondateur, contenait, en 1789, comme au temps de sa restauration, des logements pour trente-six professeurs ou *socii*[4] ; et c'est ainsi qu'on s'explique

1. Procès-verbal de la séance du 31 janvier 1823.

2. « La Faculté de Droit de Paris ne compte pas moins de 2 500 élèves, mais la salle de sa bibliothèque n'en peut recevoir que 25 ; et les livres sont en partie relégués dans une soupente. La Faculté de Médecine a 4 000 élèves en cours d'études et une salle pour 125 lecteurs. » (*Discours de M. Jules Simon, ministre de l'Instruction publique, des Cultes et des Beaux-Arts, à l'assemblée générale des délégués des Sociétés Savantes, réunis à la Sorbonne, le samedi 10 avril 1872*).

3. La bibliothèque de l'Université, composée du produit de différents legs, et ouverte solennellement le 3 décembre 1770, possédait à cette époque 19 355 volumes. Ce nombre s'était élevé en 1846 à 39 461, en 1857 à 53 714, en 1867 à 77 501, en 1877 à 106 055. M. L. Renier l'estime aujourd'hui à plus de 130 000.

4. Voir Francklin, déjà cité, *La Sorbonne*, etc., page 207.

qu'elle ait pu, sous le premier Empire, offrir aux artistes et aux gens de lettres l'hospitalité qui lui avait été demandée. A la Faculté de Droit, aux termes d'une décision du chancelier de France, en date du 6 avril 1772, — décision confirmée par divers arrêtés du Conseil de l'Université, — 8 logements étaient réservés au corps enseignant : 7 aux titulaires, 1 au plus ancien des suppléants[1]. Le même privilège était accordé aux professeurs de la Faculté de Médecine. On pourrait presque dire qu'en ce temps-là l'enseignement proprement dit était, dans nos établissements, ce qui occupait le moins de place. Jusqu'en 1831, il n'exista, à l'École de Médecine, qu'un seul amphithéâtre où tout se faisait, examens et cours. L'École de Droit n'eut pendant trente ans sa seconde salle d'enseignement que hors de chez elle : au collège du Plessis d'abord, ensuite dans l'église de la Sorbonne. C'est en 1824 seulement que le Conseil académique obtint qu'une somme de 200 000 fr. fût prélevée sur les recettes de la Faculté pour la doter de l'amphithéâtre dont elle est entrée en jouissance en 1829. La salle qu'on appelle le petit amphithéâtre des Lettres fut une conquête sur les ateliers occupés par Prudhon. Depuis dix ans surtout, au fur et à mesure que des locaux deviennent disponibles, ils ont été repris à l'usage de l'enseignement : c'est ainsi que d'anciens appartements ont été convertis, à la Faculté de Droit, en salles de conférences et d'examens. Où nous ne disposions que de la place, on s'est emparé de la place pour s'installer comme en campagne. Suivant le système que nous avons fait adopter pour l'École pratique de la Faculté de Médecine, on a construit des baraquements : rue Gerson pour la Faculté des Lettres, sur les terrains de la rue des Écoles pour la Faculté des Sciences. L'enseignement a envahi jusqu'à la Bibliothèque, où il s'est ménagé, comme il a pu, au milieu des casiers et des rayons, de petits réduits.

Néanmoins, après tous ces sacrifices, voici quelle est la situation.

A la Faculté de Droit, pour parer à l'insuffisance des locaux, on est obligé d'ouvrir les cours à huit heures du matin, souvent à la lumière pendant quatre mois de l'année, et de les prolonger jusqu'à cinq et six heures, à la lumière aussi ; ce qui rend difficile, presque impossible, la fréquentation régu-

1. Voir le statut du 11 mai 1810 (art. 13), les décisions du Conseil de l'Université (7 juin 1811 et 9 octobre 1819), la loi du 23 avril 1833.

lière des étudiants qui demeurent loin du quartier Latin. Et si tôt que l'on commence, si tard que l'on finisse, les amphithéâtres ne désemplissent pas. Les minutes d'occupation sont comptées pour chaque enseignement. Professeurs et élèves, — ce que l'on ne tolérerait pas dans le plus humble de nos établissements primaires, — respirent toute la journée un air vicié. La salle de la bibliothèque récemment construite ne peut contenir, au plus, que 72 étudiants. Chaque soir, celle de la Faculté de Médecine est comble. A la Sorbonne, il y a peu de jours, un maître de conférences de l'Ecole des Hautes Etudes en était réduit à « décimer ses auditeurs », comme il disait, l'espace lui faisant défaut même pour les conserver debout. Faute de cabinet, l'un de nos plus illustres professeurs de chimie devait, tout récemment encore, apporter dans un panier, à chaque leçon, les produits qu'il avait préparés dans un laboratoire voisin. Lorsqu'on visite les masures où la Faculté des Sciences a trouvé un asile, on ne sait ce que l'on doit le plus admirer de la manifestation de notre pénurie ou du dévouement des maîtres éminents qui ont réussi, l'un à installer dans des caves des collections de minéralogie, dont l'abondance et le bel ordre font penser aux merveilles des villes souterraines ; l'autre à organiser, étage par étage, en utilisant tous les accidents, tous les recoins, en tirant parti du jour, du demi-jour, même de l'obscurité, un cabinet de physique qui excite l'admiration des étrangers et un incomparable atelier de travail.

La place à faire aux chaires nouvelles.

Ajoutez que cet enseignement, si largement étendu, est encore incomplet. Partout on réclame des chaires nouvelles : à la Faculté de Droit, 2 ; à la Faculté de Médecine, 2 ; à la Faculté des Sciences, 5 ; à la Faculté des Lettres, 1. Ajoutez enfin que, de son côté, le Conseil municipal, ainsi que nous l'avons vu, revendique une place dans les bâtiments nouveaux pour l'enseignement libre ; celle qui ne lui a jamais été refusée pour les cours des Associations Polytechnique et Philotechnique, pour des leçons populaires d'astronomie, d'histoire ou de philosophie, ne lui suffit plus.

IV.

La transformation de l'enseignement.

Mais ce qui caractérise cette période d'essor, c'est moins encore peut-être la multiplication des cours et des conférences que la direction que se propose aujourd'hui l'enseignement supérieur avec l'esprit nouveau dont il est pénétré.

La préparation aux grades.

La Faculté de Droit et la Faculté de Médecine ont toujours été des écoles professionnelles. Elles reçoivent des jeunes gens dont l'éducation générale est faite. Leur objet propre, c'est de former des juristes et des médecins. Telle n'était pas, il y a moins de quelques années, la direction des études à la Faculté des Sciences et à la Faculté des Lettres. « A l'époque où elles furent fondées, écrivait le doyen de la Faculté des Sciences en 1816, on les regardait plutôt comme des commissions d'examens que comme de véritables corps enseignants. » Et en même temps qu'il signalait cette situation avec regret, M. J.-B. Dumas indiquait le remède. Il proposait toute une organisation de travaux rapprochant l'étudiant du professeur et l'initiant à la fois à la science et à l'enseignement. « La science, disait-il avec autorité, a modifié l'industrie ; l'industrie, à son tour, a modifié les conditions de la science. A l'Université de Londres, les élèves apprennent, dans un atelier spécial, le maniement des principaux outils ; à Turin, les élèves de l'Université étudient l'hydraulique dans un établissement où s'exécutent toutes les expériences sur le mouvement des liquides ; il faut que nos étudiants trouvent, eux aussi, auprès de nous, les ressources d'éducation scientifique dont ils ont besoin. » De son côté, J. V. Le Clerc travaillait à placer la Faculté des Lettres dans les mêmes voies. Considérant que la préparation libre aux grades professionnels pouvait, bien conduite, rendre à l'enseignement public d'importants services, il se plaisait à attirer les candidats ; et après une sorte d'interrogatoire préalable où il éprouvait, non sans malice parfois, le sérieux des vocations, il se répandait en indications de toutes sortes, désignait, fournissait même les livres à lire, et signalait les cours à suivre. Mais si, dès ce moment, l'utilité avait été reconnue de donner aux cours de la Sorbonne un caractère plus marqué d'efficacité pratique, on peut dire que cette pensée n'a pris corps qu'en 1868, dans l'institution de l'école des Hautes Études et des laboratoires de recherches. Ce n'est qu'à partir de ce moment qu'on a véritablement compris l'action féconde que les Facultés pouvaient exercer sur la direction des études. Il s'est alors formé des écoles de mathématiques, de physique et de chimie, d'histoire naturelle et de physiologie, de sciences historiques, de philologie, destinées, surtout il est vrai, à faire de jeunes savants, mais qui devaient bientôt donner, et qui ont, en effet, donné l'idée de faire de jeunes professeurs.

La nécessité de conserver son caractère à l'École Normale Supérieure.

L'Ecole Normale Supérieure ne suffit plus au recrutement du personnel enseignant[1]. Jamais les examens d'entrée n'ont été plus brillants. La section des Sciences comptait, en 1877, 299 candidats, en 1881, 341 ; la section des Lettres, 99 en 1877 et 177 en 1881. Le nombre des admissibles, qui est généralement déterminé par la force du concours, s'est élevé, dans les sciences, à 73, dans les lettres, à 65. L'Ecole Polytechnique nous enlevait, il y a peu de temps, la fleur de notre liste dans la section des Sciences, et en 1877, pour compléter nos cadres à 15, nous avions dû descendre jusqu'au n° 35. Aujourd'hui, à peine se produit-il, dans les 25 premiers, quatre ou cinq choix contraires à nos vœux. Résultat plus significatif encore : cette année, le dernier admissible des élèves de sciences avait autant de points que celui qui, l'an dernier, tenait la tête du troisième tiers. On pourrait donc augmenter sans peine le nombre des admissions. On s'en défend avec raison. L'Ecole Normale Supérieure est destinée à créer une élite ; et ce n'est que dans le commerce étroit, presque intime, d'un nombre sévèrement limité d'intelligences distinguées avec les maîtres qui les dirigent et de ces intelligences entre elles que les élites se forment.

Les conférences préparatoires à la licence et à l'agrégation.

Mais, ce qu'il eût été imprudent de faire dans l'Ecole même pouvait être entrepris à côté de l'Ecole. C'est dans cette pensée qu'ont été instituées auprès des Facultés, depuis quatre ans[2], sous l'active impulsion de M. le Directeur Dumont, les conférences préparatoires à la licence et à l'agrégation. Des bourses ont été fondées et mises au concours. Aux boursiers se sont joints les maîtres auxiliaires, les délégués des Lycées de Paris, les

1. Voir nos Mémoires en date des 6 juillet et 7 décembre 1880 et 22 juin 1881.

2. Arrêté du 5 novembre 1877 ; circulaires des 10 février, 20 mars 1878, 30 juin, 8 septembre 1879 et 1er octobre 1880.

jeunes professeurs de collèges, empressés à venir des points les plus éloignés de l'Académie, le jeudi régulièrement, et les autres jours de la semaine, toutes les fois que leurs classes leur en laissent le loisir. Ceux qui ne peuvent pas faire le voyage envoient les devoirs dont les textes leur sont fournis. En un mot, comme la Faculté de Droit et la Faculté de Médecine, la Faculté des Lettres et la Faculté des Sciences ont aujourd'hui leurs étudiants.

En ce moment, les conférences sont au nombre de 21 : 11 pour les Sciences, 10 pour les Lettres[1] ; les auditeurs au nombre de 825 : 495 pour les Sciences, 330 pour les lettres[2].

Les succès des boursiers et des élèves des Facultés dans les examens. L'extension des cadres. — Et les résultats répondent aux efforts. A ne considérer que les boursiers, parmi les candidats qui sont arrivés à la licence au cours de l'année scolaire, nous en comptons dans les Lettres, 7 sur 12 en 1879, 9 sur 24 en 1880, 15 sur 29 en 1881 ; dans les Sciences, 9 sur 26 en 1879, 11 sur 27 en 1880, 18 sur 34 en 1881. Les conférences d'agrégation ont également porté leurs fruits : 26 de nos élèves, tant boursiers qu'auditeurs libres, ont été admissibles et 17 admis, dont deux au premier rang, l'un dans les langues vivantes et l'autre en philosophie.

Tels ont été les élans de bonne volonté qui ont suivi ces premiers succès, que le nombre des boursiers a dû être porté, pour la licence, dans les Lettres, à 32 ; dans les Sciences, à 38 ; pour l'agrégation, dans les Sciences, à 11 au lieu de 5 ; dans les Lettres, à 30 au lieu de 11. En même temps, une entente a été concertée entre les maîtres de conférences, les professeurs de Facultés, ceux de l'Ecole des Hautes Etudes et du Collège de France pour multiplier les ressources d'une intelligente préparation.

Les obligations imposées aux étudiants. — En compensation de tous ces avantages, les seules conditions qu'on impose aux étudiants sont l'assiduité et l'application, une signature à la feuille de présence et des devoirs. Tout le monde a le droit de se faire inscrire au cours, mais, la leçon commencée, nul n'entre plus. La première obligation de l'au-

---

1. Faculté des Sciences : mathématiques, 2 ; physique, 2 ; chimie, 3 ; anatomie et physiologie, 1 ; minéralogie, 1 ; zoologie, 1 ; géologie, 1.—Faculté des Lettres : langue grecque, 2 ; langue latine, 3 ; langue française, 2 ; histoire, 1 ; langues d'origine germanique, 1 ; philosophie, 1.

2. Rapport de M. l'inspecteur général Zeller. *Journal général de l'Instruction publique*, 21 décembre 1881.

diteur est le respect de la parole du maître. Le maître ne se borne pas d'ailleurs à une direction de haut; il suit l'élève. A l'enseignement commun s'ajoute l'entretien particulier. Nous n'avons pas l'habitude de dire en France: « le professeur recevra à telle heure, *privatim*; à telle autre, *privatissime*. » Sa porte est toujours libéralement ouverte.

La création des Instituts et les nouvelles mœurs scolaires.

Par une mesure non moins favorable au développement des aptitudes professionnelles, nous avons établi nos étudiants chez eux. Dans les Universités du Nord, à Upsal et à Lund, les élèves sont divisés en sociétés ou nations qui correspondent aux anciennes distributions géographiques du pays, et chaque nation a son domaine propre : des salles de travail et de lecture, une bibliothèque, une salle des actes, une salle de recréation, un jardin. Nous avons, nous, nos sections, ou, comme on les a appelées, nos instituts, —institut de grammaire et de philologie, institut d'histoire et de géographie, institut de philosophie, institut de mathématiques, institut de physique et de chimie, — où l'élève est assuré de trouver des livres, des collections, tous les appareils de l'enseignement, où il est à son aise pour se recueillir et travailler.

Ces habitudes de bien-être intellectuel sont nouvelles. Elles ont sur la direction des études plus de portée qu'on ne croit. Ce n'est pas sans raison que Pestalozzi disait qu'au mobilier d'une classe on reconnaît l'esprit du maître. Nul doute que les grands amphithéâtres à degrés nus soient peu propres à certaines études. On a souri quand, pour la première fois, dans nos salles de cours, nous avons mis aux gradins des dossiers d'abord, puis des tablettes et tout ce qu'il faut pour écrire. Ce sont là, dans l'enseignement supérieur comme dans les autres ordres d'enseignement, des éléments de discipline, au sens le plus élevé du mot. Une salle disposée pour le travail contraint moralement au travail.

Plus d'un de nos élèves a été heureux de trouver l'hospitalité de son institut pendant les vacances, pour se préparer aux épreuves de l'agrégation. Tout récemment, la section des mathématiciens demandait qu'entre l'heure où les cours se ferment et où la bibliothèque de la Sorbonne s'ouvre pour les séances du soir, récemment organisées, leur salle de conférence fût laissée à leur disposition afin de pouvoir s'y exercer entre eux à faire des leçons. Ce sont des mœurs scolaires qui se forment. Pour s'établir définitivement, elles demandent de la part des professeurs, une confiance qui ne soit jamais aveugle ; de la part des étudiants, une gravité dans le sentiment du devoir qui ne se démente point. Si l'on peut compter sur l'une, il y a de sérieuses raisons pour espérer que l'autre ne nous manquera pas.

V.

L'esprit nouveau des études.

Il ne faut pas s'y tromper d'ailleurs, c'est le fond même de nos études qui s'est modifié. L'esprit critique est la marque du travail de ce siècle. Nous avons le besoin de l'exactitude, la passion de la précision. Notre génie d'analyse, appliqué aux conceptions générales, a produit au dix-septième et au dix-huitième siècles, ces grandes œuvres de haute culture littéraire et scientifique, qui sont comme la bible du monde pensant. Aujourd'hui, il s'exerce sur les infiniment petits. La gloire qu'un Newton, un Laplace a due à la découverte du système du monde, la science moderne la trouve dans l'étude des plus imperceptibles phénomènes de la vie. Le ciron, « ce résidu d'atômes, » ne suffit plus à ses recherches. Elle a pénétré dans ces abîmes de petitesse qui frappaient l'imagination de Pascal d'admiration, presque d'épouvante, et elle travaille à en faire sortir les lois de l'existence et de la mort. La même transformation s'est accomplie dans tous les ordres de travaux. Ce que le microscope du savant étudie dans les dernières fibrilles de la chair et dans les globules du sang, l'œil scrutateur du philologue, de l'épigraphiste, de l'historien, cherche à le découvrir dans le tissu de la langue, dans les linéaments des textes, dans les moindres organes des mœurs et des institutions. On ne se contente plus des observations de sentiment, on se défie des lumières de l'imagination ; on ne méconnaît pas ce qu'elles ont de juste dans leurs élans et leurs intuitions ; mais on les soumet à la rigueur de la critique scientifique, on décompose, on analyse, on passe tout au creuset ; on veut voir, on veut toucher. Du cabinet du maître ces méthodes de travail sont descendues dans le laboratoire de l'étudiant. A l'Ecole de Médecine, on exige que tout élève ait étudié lui-même sur le corps humain les mystères de la maladie ; qu'il ait pratiqué de ses mains les démonstrations de la physique, les manipulations de la chimie ; qu'il se soit, en un mot, rendu compte des théories qu'on lui enseigne à la lumière d'une expérience qui lui soit propre. « Pourquoi, me disait récemment un père de famille, pourquoi, sans faire déchoir l'enseignement du droit de la sphère des principes qui est son domaine, n'éprouverait-on pas, dans des conférences familières, le jugement de l'étudiant sur des textes de procédure vivante et de législation contemporaine? » A la Faculté des Lettres, afin de mieux assurer les résultats du travail, on a divisé les examens ; on a circonscrit le champ pour le mieux approfondir. A côté de la licence littéraire proprement dite, l'histoire, la philosophie, les langues vivantes ont leur licence spéciale [1].

On ne se borne pas à entretenir les élèves des résultats de la science faite et vulgarisée. On leur apprend à remonter aux sources, à démêler les ressorts des langues, à s'élever à la conception des méthodes. Il y a douze ans, la création du premier laboratoire de recherches scientifiques, celui de Sainte-Claire Deville, étonnait les esprits superficiels ; en voyant s'élever au milieu de la Sorbonne des cheminées d'usine, on traitait l'Ecole des Hautes Etudes d'école des Hauts fourneaux. Nul ne s'étonne aujourd'hui qu'on ne conçoive plus un enseignement de la littérature française sans un cours d'histoire des textes et un cours d'histoire de la langue, ni un enseignement de l'histoire sans un cours de paléographie, de diplomatique et de chronologie. Les lettres, comme les sciences, veulent avoir leurs instruments de précision [2].

Ce qu'on peut attendre des procédés de l'éducation scientifique. — Les résultats de l'enseignement de l'Ecole pratique des Hautes Etudes.

Ce que cette éducation produira pour notre enseignement, l'avenir l'apprendra. Si l'institution reste dans la mesure où doivent être maintenues les réformes les plus heureuses, nous avons lieu de penser que les résultats en seront bons. Dès aujourd'hui, nous savons ce qu'elle a produit pour la science à l'Ecole pratique des Hautes études.

L'Ecole des Hautes Etudes a groupé autour de maîtres éminents des pléiades de disciples devenus à leur tour des maîtres. Elle a inauguré ce grand

1. Décrets du 25 décembre 1880 et du 27 décembre 1881.
2. Voir dans la *Revue internationale de l'enseignement*, publiée par la Société de l'enseignement supérieur, année 1881, page 553, une étude de M. Ferdinand Brunetière sur l'enseignement de la littérature française dans les Facultés des Lettres.

mouvement de recherches dans l'épigraphie, la linguistique et l'histoire, d'observations expérimentales dans la physique, la chimie et l'histoire naturelle, qui ont fourni à la science tant d'éléments précieux.

Auprès de la Faculté des Sciences, nous n'avons pas moins de 35 laboratoires [1], et leur histoire se confond presque avec celle de la Faculté. Les travaux qui en sont sortis portent pour la plupart le nom d'un professeur à côté de celui d'un élève. Quelques-uns sont des thèses remarquables; d'autres des mémoires que l'Institut a jugés dignes de son attention; d'autres enfin des comptes rendus critiques, de savantes analyses. Leur nombre ne s'élève pas à moins de 3 888. Témoignage éclatant d'une activité que relève un sentiment dont nous ne saurions trop louer nos jeunes savants, celui du désintéressement dans la recherche, qui permet de répéter aujourd'hui, en présence des progrès et des tentations de l'industrie, ce que de tout temps on a dit de la science française : qu'elle travaille à l'honneur du nom français et pour le profit du monde entier.

La section des Sciences Historiques et Philologiques n'est pas moins laborieuse ni moins féconde. Outre les 49 volumes de la *Bibliothèque*, dans lesquels les professeurs et les élèves ont inséré un grand nombre de travaux originaux, elle a fondé trois revues : la *Revue critique d'histoire et de littérature* (1868), la *Revue historique* (1870), la *Revue de philologie, de littérature et d'histoire ancienne* (1877) ; et l'Institut a couronné plus d'un mémoire ou d'un livre dont ces publications avaient recueilli le premier germe. Nous avions 51 auditeurs en 1868; nous en avons eu, en 1881, 272. L'école comprend 23 cours qui fournissent par semaine 62 leçons. Lorsque St-Louis concéda à son chapelain Robert Sorbon, dans la rue de Coupe-Gueule, la maison et les écuries sur l'emplacement desquelles la Sorbonne fut construite, un des écoliers dit, suivant une légende : « Les escuries deviendront ruche [2]. » Jamais le mot n'a été mieux justifié.

---

1. 11 pour la physique et la chimie, 8 pour la physiologie, 6 pour la zoologie, 5 de botanique, 2 pour la géologie.

2. Ludovicus, Dei gratia Francorum rex, universis litteras inspecturis salutem.—Notum facimus quod nos magistro Roberto de Sorbona, Canonico Cameracensi, dedimus et concessimus, ad opus scolarium qui inibi moraturi sunt, domum quæ fuit Joannis de Aurelianensi, cum stabulis quæ fuerunt Petri Ponilano, contiguis eidem domui ; quæ domus cum stabulis sita sunt Parisiis in vico de Coupogueule ante palatium Thermarum... Actum Parisiis, anno Domini 1250. • (J. Dubroul,

De la conciliation des principes de la nouvelle école avec les traditions de notre haut enseignement.

En donnant à notre enseignement supérieur une base plus ferme, cette riche organisation de travail intérieur ne doit rien lui enlever de ce qui a fait jusqu'ici sa puissance d'expansion et son attrait. A la suite d'un de ces entraînements de sévérité envers nous-mêmes, auxquels nous cédons quelquefois, quand, par un excès contraire, nous ne nous exaltons pas outre mesure, il nous est arrivé de nous méprendre sur ce que l'on appelle le caractère oratoire des cours de Faculté. On a regardé au delà de la frontière, et l'on a cru voir que les choses s'y faisaient mieux ; que, pour l'enseignement des Lettres notamment, les professeurs se bornaient à expliquer, à commenter des textes, ou à exposer sommairement quelques idées critiques, souvent même afin d'en rendre le profit immédiat plus sûr, à les dicter. Pour ceux qui ont observé les choses d'un peu plus près, il n'est pas certain qu'il en soit absolument ainsi. Il existe en Allemagne et en Angleterre, comme chez nous, des cours qui s'adressent à la fois aux étudiants proprement dits et au public, où le professeur, aussi bien dans les Sciences que dans les Lettres, donne à sa parole l'ampleur nécessaire pour se faire goûter des intelligences les plus diverses. Plus d'un maître, en passant de sa chaire à la tribune politique, n'a fait que changer d'auditoire ; il était prêt. N'eussions-nous pas à côté de nous ces exemples du haut professorat exercé au développement des idées générales, façonné à toutes les souplesses de la parole publique, quelles raisons aurions-nous pour nous-mêmes d'y renoncer ? Dans l'impatience généreuse qui nous saisit à certains moments de nous améliorer vite, nous sommes exposés à sacrifier nos vertus natives pour adopter ce qui pourrait bien n'être que les défauts d'autrui. L'enseignement supérieur ne doit pas être seulement un enseignement de préparation aux grades, si utile que soit ce résultat, ni un enseignement de pure érudition, si précieuses qu'en soient les découvertes. Il ne semble pas que nous ayons rien à regretter de l'éclat jeté sur nos grandes chaires par la parole austère, enflammée, pénétrante, d'un Guizot, d'un Cousin, d'un Ozanam,

Théâtre des antiquités de Paris, p. 161.) — Cf. Alfred Francklin, *La Sorbonne, etc.*, 2ᵉ édition, 1875, première partie, page 6. — « Le nom de cette rue de Coupe-Gueule indique un mauvais lieu. C'était, en effet, un endroit inhabité et où avaient été autrefois les écuries de la cour. » *Histoire de la Sorbonne*, par M. l'abbé J. Duvernet, Paris, 1790, tome I, chap. IV, page 38. — Cf. *Les Lettres d'un Bibliographe suivies d'un Essai sur l'origine de l'imprimerie à Paris*, 5ᵉ série, par J. P. A. Madden, Paris, 1878, page 111.

d'un Villemain ou d'un Saint-Marc-Girardin? Combien de générations ont
vécu sur les systèmes historiques, philosophiques ou littéraires qu'ils interpré-
taient, qu'ils discutaient, qu'ils professaient! Ce n'était pas la science d'aujourd'hui. En était-ce moins de la science, s'il faut entendre par là ce
qui fait penser, ce qui émeut, ce qui éclaire? C'est le propre de l'enseignement supérieur de s'élever aux spéculations générales et de s'y
plaire. Le danger est de ne pas les faire reposer sur une étude précise
des faits, ce qui est la louable préoccupation de notre temps. Mais les faits
eux-mêmes ne servent à l'éducation supérieure de l'intelligence que lorsque
l'intelligence arrive à en dégager les vérités d'ordre universel qu'ils recèlent,
la loi dont ils découlent. C'est là surtout qu'il faut craindre, suivant le
précepte de la sagesse courante, que les arbres n'empêchent de voir la forêt.
Saint-Marc-Girardin, qui le premier a introduit à la Sorbonne la petite leçon
à côté de la grande, disait : « Entre l'une et l'autre, je ne vois qu'une différence : c'est que dans la petite leçon, consacrée à la lecture d'un texte (car la
chose n'est pas nouvelle), je travaille sous les yeux de mes auditeurs, et je
leur apprends à travailler; dans la seconde, je leur apporte le travail tout
fait. » Et l'on sait ce que ce travail tout fait suppose de recherches et de
méditations, ce qu'il faut d'efforts pour arriver à ce degré de possession, où
l'esprit embrasse un sujet dans son ensemble harmonieux, en voit chaque
partie à sa place et dans sa lumière, où il n'a même plus à se préoccuper de
l'expression qui se détachera de la pensée comme un fruit mûr de
l'arbre. C'est là, certes, lorsqu'il recouvre une science forte et sûre, l'art
suprême du haut enseignement. Il n'appartient proprement ni aux lettres ni
aux sciences. Cuvier en a fourni le modèle. C'est avant tout un art bien français. Gardons-nous de le dédaigner. Sans rien répudier des admirables
progrès de la critique moderne, restons fidèles aux traditions de notre génie
national.

TABLE DES MATIÈRES

I.

II.

III.

IV.

V.

Paris. Typographie Delalain, 1 et 3, rue de la Sorbonne.

www.ingramcontent.com/pod-product-compliance
Lightning Source LLC
LaVergne TN
LVHW010328030726
842520LV00004B/1342